KB177084

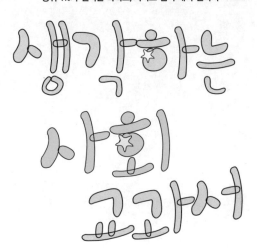

생각하는 사회 교과서

생각하는 사회 교과서

구본창 지음

채륜
CHAE RYUN

이 책을 읽기에 앞서

영어강사 시절에 대원외고 3학년 학생들의 방학특강 수업 도중 한 학생이 이런 말을 한 적이 있었다.

"선생님! 이번 방학에 학교에서 한일교류 프로그램으로 일본 친구가 저희 집에서 한 달 동안 지내고 있는데요. 어젯밤에 그 친구와 이야기를 하다가 임진왜란에 대한 이야기가 나왔는데, 제가 도요토미 히데요시는 임진왜란을 일으킨 전쟁광이고 그 인간 때문에 우리나라 궁궐인 경복궁이 불탔다고 했더니… 그 친구 말이 경복궁은 일본군이 불태운 것이 아니라 조선의 백성들이 불태운 것이었데요. 임금이 저만 살겠다고 백성들을 버리고 피난을 떠나는 것에 백성들이 열 받아서 불을 질렀데요. 그리고 조선을 침략한 도요토미 히데요시와 만주를 침략한 광개토대왕이 무슨 차이가 있느냐고 묻는데… 순간적으로 벙 쪘어요……."

당시에는 고3 수업시간에 교과목과 관련되지 않은 말은 모두 잡담으로 여기는 분위기였고, 또 수험생 학부모들의 항의가 있을 수 있어서 대학에 합격하면 이야기해주겠다고 얼버무렸다.

그 후 국제중 대비 사회역사 강의를 시작하면서 학생들로부터 이런 질문들을 받을 때가 있었다.

　"선조 임금은 이순신처럼 훌륭한 장군을 왜 감옥에 자꾸 가두었죠? 더구나 일본과 치열하게 전쟁을 하는 중이었는데……."

　"달러 값이 자꾸 오른다고 아빠가 신문 보시면서 걱정을 하시더라구요. 그런데 달러 값이 오르면 우리나라 수출이 잘될 수 있어서 좋은 것이라고 하는데… 왜 아빠가 걱정하시죠?"

　사회역사 강의를 처음 시작했던 때는 이런 질문들에 대해 이렇게 대답했었다.

　"사회 교과서를 자세히 읽어보면 그 이유를 알 수 있어……."

　그런데 한 학생이 이렇게 말을 했다.

　"솔직히 선생님도 우리가 배우는 사회 교과서를 자세히 읽어보지 않으셨죠? 사회 교과서를 아무리 읽어봐도 그런 걸 알 수가 없어요. 그런 것은 네이버 지식인에 물어봐야만 알 수가 있어요……."

　그 학생의 말에 충격을 받고 집에 돌아와서 밤새도록 초등 사회 교과서와 중등 사회 교과서를 자세히 읽어 보았다. 진짜 그 학생의 말대로 사회 교과서를 아무리 자세히 읽어보아도 그런 질문에 대답할 수 없을 것이라 생각됐다. 그런 주제가 나오기는 하지만 수박 겉핥기식으로 형식적인 설명만을 해 놓았기 때문이었다.

몇 년 전 일본이 독도 영유권을 주장하는 것에 대해 우리나라 사람들이 일본 대사관 앞에서 항의시위를 했었다. 일본 NHK 방송 기자가 항의시위를 하는 한국 사람들에게 간단한 인터뷰를 했는데 질문은 "독도가 왜 한국 영토라고 생각하느냐?" 였다.

그런데 너무나 창피하게도 대부분의 사람이 독도가 대한민국의 영토라고 외치기만 할 뿐, 왜 독도가 한국 영토인지에 대해서는 아무런 대답을 하지 못했었다.

국제화 시대로 인해 초등생들의 IBT토플 점수가 100점을 넘고, 인터넷이라는 정보의 바다를 통해 초등생들의 지식수준은 과거와 비교가 되지 않을 만큼 빠른 속도로 변하고 있는 데 비해 사회 교과서는 이런 변화의 속도를 전혀 따라가지 못하고 있다고 생각된다.

이 책은 새로운 주제들을 갖고 쓰여진 책이 아니라 현재의 사회 교과서에 나오는 주제들을 깊이 있게 설명했을 뿐이다.

정보화 시대가 되면서 초중생의 지적 수준은 빠른 속도로 달려가고 있는데 아직도 엉금엉금 기어가기만 하고 있어서 변화를 따라잡지 못하는 현재의 사회 교과서가 근본적으로 바뀌길 소망해본다.

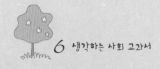

차례

정치가 이끄는 사회

경제가 만드는 사회

역사가 숨쉬는 사회

문화가
이루는 사회

현상과
본질의
구분

현상과 본질이란 무엇인가?

현상이란 겉으로 드러나서 눈에 보이는 모습을 말하며, 본질이란 감추어져 있어서 눈에 보이지 않지만 본래의 실제 모습을 말한다. 그런데 이렇게만 설명하면 너무 추상적이어서 무슨 의미인지 대략적인 감은 잡히지만 정확하게 의미를 파악하기가 쉽지 않다. 그래서 다음과 같은 사례를 생각해보면 정확하게 의미를 파악할 수 있을 것이다.

선거철이 되면 국회의원들이 과일과 고기를 잔뜩 싸들고 평소에 가지 않았던 양로원을 방문한다. 그런데 과일과 고기를 잔뜩 싸들고 양로원을 방문하는 이 행위를 어떻게 인식해야 할까? 눈에 보이는 모습, 즉 양로원에 과일과 고기를 전해주는 모습만 본다면 이것은 노인공경의 실천이다. 하지만 눈에 보이지 않는 모습, 즉 국회의원들이 양로원을 방문한 목적 혹은 의도를 본다면 이것은 선거운동이다. 정리해보면 이런 행위에 있어서 현상은 '노인공경의 실천'이지만 본질은 '선거운동'이다.

우리는 살아가면서 현상과 본질을 구분해야 할 상황에 놓이게 되며 고도의 판단력을 요구하는 법관 혹은 외교관이 되는 경우, 특히 지도자가 되는 경우에는 현상과 본질을 구분하는 능력이 절실히 필요해진다.

아주 옛날 이스라엘에 솔로몬이라는 지혜로운 왕이 있었다. 이 왕이 재판을 하게 되었는데 사건의 내용은 갓 태어난 한 아기를 놓고 두 명의 어머니가 서로 자기 아들이라고 주장하는 것이었다. 왕은 두 명의 어머니가 모두 틀림없는 자기 아들이라고 강력하게 주장하자 아기를 반으로 잘라서 두 어머니에게 공평하게 나누어 주라는 판결을 내렸다. 그러자 한 어머니는 판결대로 아기의 반이라도 갖겠다고 하지만, 또 다른 한 어머니는 왕에게 자신이 거짓말을 했다고 하면서 아기를 반으로 자르지 말고 상대방에게 주라고 애원한다. 그러자 왕은 아기를 상대방에게 주라고 애원한 어머니가 아기의 진짜 어머니라고 판결을 내린다.

이 재판은 현상과 본질을 잘 구분했던 지혜로운 왕의 재판사례로 손꼽히고 있다. 모성애의 본질은 '헌신적인 사랑'이기 때문

에 진짜 어머니라면 자신이 거짓말을 했다고 하여 설사 왕에게 처벌을 받더라도 자기 아기가 반으로 잘리는 끔찍한 일을 당하지 않도록 할 것이라는 왕의 판단이었다.

현상과 본질의 구분능력이 중요한 이유

솔로몬의 재판사례에서 보았듯이 지도자에게 있어서 현상과 본질의 차이를 구분하는 능력은 다른 어떤 것보다도 우선적으로 필요한 능력이다. 작은 조직이든 큰 조직이든 조직 전체가 나아갈 방향을 이끄는 지도자의 판단과 결정이 조직에 미치는 영향이 엄청나기 때문이다. 다음의 사례를 보면 이해가 쉽게 될 것이다.

2003년 미국이 이라크와의 전쟁을 시작하기 전에 이라크 정부는 미국의 침략을 막기 위한 대응방식을 두고 강경파와 온건파로 의견이 나뉘었다. 이들은 미국의 이라크 침략 목적이 무엇인지에 대해서부터 서로 의견이 달랐다. 온건파는 미국의 침략 목적이 이라크의 대량 살상무기 개발을 억제하기 위한 것이라 했고, 강경파는 미국의 침략목적이 이라크의 석유자원을 차지하기 위한 것이라 했다. 그리고 미국의 침략목적에 대한 판단이 서로 다르다 보니 대응방식에 대한 의견도 다를 수밖에 없었다.

온건파의 주장을 요약하면 이러했다.

미국이 침략하려는 이유는 우리가 대량 살상무기를 개발해서 아랍의 강자가 되는 것을 막기 위해서다. 그러므로 미국의 침략을 막으려면 우리가 대량 살상무기를 개발한 적도 없고, 또 그럴 의사도 없다는 것을 미국은 물론이고 국제사회에 정확히 알려야 하며, 그러려면 우리가 대량 살상무기를 만들고 있는지를 조사하겠다는 국제기구의 요청에 적극적으로 협조해야 한다.

강경파의 주장을 요약하면 이러했다.

미국이 침략하려는 이유는 우리의 석유자원을 확보하기 위해서다. 그러므로 우리가 대량 살상무기를 개발할 의사가 있든 없든 상관없이 미국은 침략할 것이 확실하다. 그렇게 본다면 우리가 국제기구의 조사에 협력하는 것은 미국의 침략을 막는 데 도움이 되는 것이 아니라 오히려 적에게 우리의 군사비밀만 공개하는 것이 된다.

미국의 침략을 앞두고 이라크 정부 내에서의 강경파와 온건파 간의 대립은 온건파의 승리로 결말이 났다. 그 결과 이라크는 국제기구의 조사에 적극적으로 협조하면서 이라크가 대량 살상무기를 개발한 적도 없고, 또 그런 능력을 갖추고 있지도 못하다는 것을 입증했다. 하지만, 미국은 이런저런 이유를 들어가며 이라크를 위험한 나라라고 비난했고 원래 계획대로 이라크를 침략했

다. 그런데 미국이 이라크를 점령하고 보니 이라크 정부가 대량 살상무기를 개발한 흔적이 어디에서도 전혀 발견되지 않았다. 말하자면 미국의 주장이 사실이 아니었던 것이 드러났다.

그렇다면 미국은 이라크에 사과하고 철수하는 것이 당연했겠지만, 미국이 지금도 여전히 이라크를 점령하는 것을 볼 때 애초부터 미국의 침략 목적은 강경파의 말대로 이라크의 석유자원을 확보하기 위한 것이었음을 알 수 있다. 그리고 이라크가 국제기구의 조사를 통해 대량 살상무기를 개발한 적이 없다는 것을 알려준 것이 미국으로서는 오히려 부담 없이 안심하고 이라크를 침략할 수 있도록 도와준 것이다.

정리해보면 미국이 이라크를 침략한 목적에 있어서, 이라크가 대량 살상무기 개발로 중동지역의 평화를 위협하므로 이를 억제하겠다는 것은 현상이고, 본질은 이라크의 석유를 미국이 확보하려는 목적이었던 것이다. 그리고 이라크 정부의 온건파들은 미국의 침략목적에 대해서 현상과 본질을 정확히 구분하지 못해 잘못된 결정을 내렸던 것이다.

문화와
도덕은
환경의 산물

문화충격(culture shock)

사람들은 자신이 살아온 것과 전혀 다른 문화적 환경에 접하면 도저히 이해하기 어렵고 혼란스러운 감정을 느끼게 되는데 이런 현상을 문화충격이라고 한다. 그리고 이런 문화충격은 때때로 그 문화 속에 사는 사람들에 대해 도덕적인 반감이나 혹은 혐오감을 느끼게 한다.

그런데 우리가 사는 지구에는 우리와 전혀 다른 문화와 도덕들이 존재하고 있으며, 우리나라에서도 농촌지역을 중심으로 국제결혼을 하는 사람들의 숫자가 급속히 증가해 다문화 가정이 늘어나면서 서로의 문화차이를 극복하는 것이 중요한 사회적 과제가 되었다.

　우선 문화충격의 사례를 몇 가지 들어보자.

　몇 년 전 동네에서 현모양처로 칭찬이 자자한 한 중년의 여교사가 가족들과 일본 여행을 간 적이 있었다. 도쿄 시내관광을 마치고 저녁에 온 가족이 시내의 한 사우나에 가서 남편과 아들은 남탕으로 들어갔고, 여교사는 여탕으로 들어갔다. 그런데 기가 막힌 상황이 발생했다. 한창 샤워를 하는데 난데없이 사우나의 주인아저씨가 여탕 안으로 불쑥 들어온 것이다. 너무 놀라서 수건으로 얼른 몸을 가리고 소리를 질렀는데 그 주인아저씨가 너무 태연한 표정인 것을 보고 더 당황하였다.

　만약 한국의 사우나에서 이런 일이 벌어졌다면 어떻게 되었을까? 아마도 여탕 안이 순식간에 전쟁터가 되면서 그 주인아저씨는 엄청난 봉변을 당했을 것이다. 그런데 일본의 사우나에서는 전혀 다른 모습이었다. 여탕 안의 시설점검을 위해 주인아저씨가 수시로 당당하게 들어오고, 여탕 안의 아줌마들은 거기에 대해 전혀 신경 쓰지 않고 태연하게 샤워를 하는 것이었다. 현모양처로 소문난 중년의 여교사에게 이런 상황은 문화충격 그 자체이다.

　십 년 전 지은이의 친구가 베트남을 여행한 적이 있었다. 한 시골 마을에 갔었는데 외국인을 처음 본 동네 꼬마들이 신기해하며 그 친구의 주변으로 모여들었다고 한다. 잠시 쉬어 가려고 나무 그늘에 앉아 있었는데 그 꼬마들이 친구에게 자꾸 '톡라'

'톡라' 하기에 그 말이 무슨 의미인지 가이드에게 물어보았더니 '담배'를 베트남어로 '톡라'라고 하면서, 담배 달라는 말이라고 하더란다. 7~9살 되어 보이는 꼬마들이 귀엽기도 하고 또 가난한 나라의 아이들이 아빠에게 담배를 얻어다 주고 싶어 하는 마음이 기특해서 담배를 주었는데, 너무나 놀랍게도 그 꼬마들이 아주 익숙하게 담배를 피웠다고 한다.

만약 한국에서 이런 상황이 있었다면 어떻게 되었을까? 아마도 그 꼬마들은 동네 어른들에게 혼이 났을 것이고 집에 가서는 엄마에게 더 심하게 혼이 났을 것이다. 그런데 너무나 황당하게도 베트남에서는 꼬마들이 담배를 피우는 것이 자연스럽게 받아들여지고 심지어는 집에서 아빠와 어린 아들이 다정하게 앉아서 같이 피울 때도 있다고 한다. 성인이어도 나이 많은 노인 앞에서 담배를 피우면 버릇없다고 욕을 먹는 한국문화에서 수십 년을 살아온 그 친구에게 이런 상황은 당연히 문화충격일 수밖에 없다.

그런데 여탕 안에 사우나 주인아저씨가 당당하게 들어오는 일본의 문화는 비정상적이고 타락한 것일까? 물론 현모양처로 소문난 한국의 중년 여교사에게는 당연히 그렇게 보일 것이다. 그런데 일본과 전혀 다른 사회적 환경을 가진 한국인의 시각으로 일본 문화를 판단하는 것은 결코 합리적이지 않다. 이것은 마치 애완견을 끔찍이 아끼는 프랑스인들이 한국의 보신탕 문화를 야만적이라고 비난하는 것과 별로 다르지 않기 때문이다.

일본의 문화를 판단하려면 일본의 사회적 환경과 역사적 환경에 대해 살펴볼 필요가 있다. 일본도 농사를 짓기는 했지만, 섬나라인 탓에 오랜 세월을 바다에 의존해서 살아왔고 때로는 해적질을 하는 경우도 많았다. 그런데 남편이 바다로 한 번 나가면 몇 달 혹은 몇 년 만에 돌아올지도 모르는 사회 환경에서는 종족 번식의 차원에서 성도덕이 개방적일 수밖에 없었다.

더구나 통일국가가 이루어지기 전까지 각 지역의 영주들이 오랜 세월동안 내전을 치르면서 군대의 인원 보충을 위해 적극적으로 출산을 장려하고 아이 낳는 것이 최고의 애국이라고 강조해 왔던 일본은 성도덕에 있어서 한국보다 상대적으로 개방적일 수밖에 없었다. 결론적으로 말하면 일본의 성도덕이 한국보다 개방적인 이유는 일본인과 한국인의 타고난 성향이 달라서가 아니라 두 나라의 사회적 환경이 달랐기 때문이다.

그리고 베트남에서 어린 꼬마들까지 자연스럽게 담배를 피우는 것에 대해서도 그런 문화가 생긴 역사적 배경을 살펴볼 필요가 있다. 식민지를 만든 나라는 어느 나라든 마찬가지였지만 우리에게 자유와 관용의 나라로 알려진 프랑스도 베트남을 식민통치하는 데 있어서 아주 잔인하고 치밀했었다. 프랑스는 베트남인들의 독립운동을 원천봉쇄하기 위해 조혼(어린 나이에 일찍 결혼하는 것)과 더불어 어린 나이부터 담배를 피우는 사회 분위기를 조장했던 것이다. 베트남의 남자들이 어려서 결혼을 하면 당장 딸린 식구들 먹여 살리느라 제대로 교육을 받기도 힘들 것이고, 또한 어려서부터 담배를 피워대면 신체적으로 제대로 성장하지도 못할 것이므로 프랑스가 힘으로 누르고 통치하기 쉬운 상대가 되기 때문이다.

더구나 100년이 넘는 긴 세월동안 땅굴을 파서 숨고, 게릴라전을 통해 프랑스, 일본, 그리고 미국과 지겹고 힘든 싸움을 했던 베트남인들에게는 남녀노소 가릴 것 없이 담배가 잠시나마 즐

거움을 주는 대상이었기 때문에 담배 피우는 것에 대해 아주 관대해 질 수밖에 없는 부분도 있었다.

그런데 베트남이 개방과 개혁으로 경제성장이 이루어지고 흡연의 해로움을 알리는 홍보가 활발해지면서 공공건물에 금연구역이 생기고 흡연인구가 눈에 띄게 줄어드는 것을 보면 베트남 어린이들이 담배를 피웠던 것은 오로지 환경의 영향일 뿐, 베트남인들의 타고난 성향과는 전혀 관계가 없다는 것이 분명해 보인다.

결혼제도가 우리와 전혀 다른 나라들

10년 전에 한국의 대학으로 유학을 온 이집트 남학생이 있었다. 착하고 성실할 뿐 아니라 늘 친절하고 꽃미남이었던 이 남학생에게 같은 학교에 다니던 한국 여학생이 호감을 느끼면서 두 사람은 연인관계로 발전했고, 졸업하고 얼마 후 여학생 부모님의 엄청난 반대에도 끈질긴 설득으로 겨우 허락을 받아내어 힘들게 결혼하였다. 하지만, 결국 비극적인 결혼이 되고 말았다. 신랑이 유학을 마치고 이집트의 기업에 취직하여 신랑의 나라로 살러 갔는데, 이집트에는 이미 신랑의 부인이 있었던 것이다. 간단히 말하면 그 남학생은 미혼인 상태가 아니라 이미 결혼을 해서 부인이 있던 상태였던 것이다. 신부는 배신감에 치를 떨었지만 정작 신랑은 이런 신부의 태도를 전혀 이해하지 못하는 황당한 상황이 발생한 것이었다.

현재 우리가 사는 지구에는 전혀 다른 결혼제도들이 있다.

첫째는 '일부일처(一夫一妻)'제도이다.

한 남자와 한 여자가 결혼을 해서 가정을 꾸리는 제도이며 우리나라가 여기에 해당된다.

둘째는 '일부다처(一夫多妻)'제도이다.

한 남자가 여러 명의 여자와 결혼을 해서 가정을 꾸리는 제도이며 위에서 말한 남학생의 나라인 이집트, 사우디아라비아를 비롯한 중동의 여러 나라가 여기에 해당된다.

셋째는 '일처다부(一妻多夫)'제도이다.

한 여자가 여러 명의 남자와 결혼을 해서 가정을 꾸리는 제도이며 티베트가 여기에 해당된다.

'일부일처'제도 속에서 살아온 우리에게 '일부다처'제도는 당연히 비정상적인 것으로 보이고 특히 남성위주의 사회적 분위기 속에 살아온 우리에게 '일처다부'제도는 비정상적인 정도를 넘어 놀랍기까지(?) 한 제도이다.

그런데 '일부다처'제도와 '일처다부'제도를 비정상적인 것으로 생각하는 것은 결코 바람직한 태도라 할 수 없다. 왜냐하면, 결혼제도가 서로 다른 것은 타고난 민족적 성향이 달라서가 아니라 살아가는 환경의 차이로 인해 발생하는 것이기 때문이다. 그리고 서로 다른 환경에 살게 되면 도덕도 다를 수밖에 없으므로 우리나라 도덕의 잣대로 다른 나라 사람들을 판단하는 것은 불합리하기 때문이다.

만약 남녀구분이 엄격한 아랍인들이 수영장에서 비키니를 입은 우리나라 여성들을 '타락한 여자'로 비난한다면 그것을 우리가 받아들일 수 있을까? 마찬가지로 우리가 일부다처제로 살아가는 아랍인들을 비난한다면 아랍인들 역시 그것을 받아들일 수 없지 않을까?

그럼 아랍인들에게 일부다처제가 생긴 이유는 무엇일까?

이슬람교의 창시자였던 마호메트가 이교도들과 오랜 기간 전쟁을 치르는 동안 수많은 병사가 죽었고 그로 인해 자연적으로 수많은 전쟁미망인이 생겨났다. 그런데 사막이라는 험한 자연환경 속에서 여자 혼자의 힘으로 생계를 꾸려 나가기가 쉬운 일이 아니었기 때문에 이들을 부양해줄 사람이 필요했던 것이다. 그리고 전쟁으로 남자들이 많이 죽은 탓에 남자보다 여자의 숫자가 훨씬 더 많아서 일부일처제를 유지하려면 혼자 살아야 하는 여자가 많아지기 때문이다.

이슬람교의 경전인 코란은 일부다처제를 허용하는 목적이 바람기 있는 남자들을 위한 것이 아니라 가난한 전쟁미망인들을 위한 것임을 다음과 같이 분명히 밝히고 있다.

만약 너희가 고아에게 나누어 줄 수 없을까 걱정된다면, 너희가 좋을 대로 둘 또는 셋 또는 네 명의 여자와 결혼하라. 그러나 만약 공평히 대하지 못할까 걱정된다면 한 명으로 하라.

그리고 티베트인들에게 일처다부제가 생긴 이유는 무엇일까?

티베트는 자연환경이 험해서 외부세계와 거의 단절되어 살 수밖에 없는 고산지대가 많다. 그런데 이런 고산지대는 남자보다 여자의 숫자가 부족하고, 또 척박한 자연환경 속에 모든 형제가 각자 결혼하여 독립된 가정을 꾸리기에는 경제적 부담이 커서 감당하기가 어렵다. 그리고 남성들은 먼 지역으로 돈을 벌러 떠나는 일이 많아서 남편이 집을 비운 사이에 아내를 지킨다는 의미에서도 여러 명의 남편이 필요한 환경이다. 그러므로 티베트인들이 일처다부제를 유지한 것은 척박한 자연환경 속에서 효율적으로 가정을 꾸리기 위한 것이었다.

결론적으로 각 나라의 결혼제도가 다른 것은 나라마다 자연환경과 생활조건이 다르기 때문이다. 그러므로 일부일처제 속에 살아온 우리의 기준으로 아랍인들과 티베트인들의 결혼제도를 비정상적이고 야만적인 것으로 비난하고 경멸하는 것은 합리적인 태도가 아니다.

다문화 사회에서의 공존을 위한 똘레랑스

글로벌 시대가 되면서 외국인 노동자들이 대량으로 한국에 들어오고 있고 또 국제결혼의 증가 때문에 우리나라도 다문화 사회로 변하고 있다. 그런데 다문화 사회에서는 문화적 차이로 인해 갈등이 생기는 경우가 많이 있다.

예를 들면, 한국인 근로자들은 퇴근 후에 직장 동료와 삼겹살에 소주 한잔을 즐기고 또 그런 자리를 통해 스트레스도 풀고 서로의 친목도 다진다.

하지만, 이란이나 파키스탄 등의 이슬람 문화권에서는 돼지가 부정한 동물이라 하여 돼지고기를 먹지 않는다. 뿐만 아니라 상대에게 '돼지'라는 욕을 하면 이것은 도저히 참을 수 없는 최고

로 심한 욕이다.

그런데 한국의 기업에서 일하는 한국인 근로자와 파키스탄 근로자가 회식을 한다면 어떻게 될까?

한국인 근로자 중 어떤 사람은 이런 태도를 보일 수 있다.

삼겹살에 소주 한잔은 한국의 문화인데… 로마에서는 로마법을 따라야 하듯이 한국에 왔으면 한국 문화를 따라야지.

파키스탄 근로자 중 어떤 사람은 이런 태도를 보일 수 있다.

돼지는 부정하고 더러운 동물인데… 이교도들이라 그 더러운 돼지고기를 잘도 먹어대는군!

이런 태도를 보인 한국인 근로자와 파키스탄 근로자 간에는 갈등이 생길 수밖에 없다.

또 다른 예를 들면, 중국의 조선족은 우리와 같은 민족이지만 오랫동안 중국 문화권에서 생활했기 때문에 생활습관과 사고방식이 우리보다는 중국인과 가깝다.

조선족들은 손님을 초대하여 음식을 접대할 때 손님이 배부르게 먹고도 많이 남을 만큼 최대한 푸짐하게 준비하는 것을 미덕으로 여긴다. 그래서 손님이 가고 난 뒤에 음식이 많이 남아 있어야만 제대로 대접했다고 생각한다.

한국인들은 손님을 초대하여 음식을 접대할 때 손님이 먹을 수 있는 적절한 양을 준비해서 음식의 낭비도 없애고 음식물 찌꺼기도 최대한 줄이는 것이 알뜰하고 현명한 살림살이라고 여긴다.

그런데 한국인이 조선족에게 갈비집에 가서 갈비를 산다면 어떻게 될까? 한국인은 두 사람이 먹을 만큼의 양만을 주문하고 더 먹을 의사가 있을 때만 추가로 주문한다. 이러면 조선족은 속으로 이런 생각을 할 수 있다.

쪼쪼한 놈! 그렇게 돈이 아까우면 차라리 사지를 말지…….

이번에는 조선족이 한국인에게 갈비집에 가서 갈비를 산다면 어떻게 될까? 조선족은 두 사람이 먹을 수 있는 것보다 훨씬 더 많은 양을 주문한다. 이러면 한국인은 속으로 이런 생각을 할 수 있다.

그 많은 양을 어떻게 먹으려고… 낭비가 심한 놈이군!

이런 생각을 하는 한국인과 조선족 간에도 갈등이 생기지 않을 수 없다.

그러므로 다문화 사회에서의 공존을 위해서는 서로의 문화적 차이에 대한 이해가 필요하며 동시에 '서로 다른 것'을 인정하는 똘레랑스가 필요하다.

더 읽어 보기

똘레랑스
똘레랑스는 프랑스어로서 우리말로 하면 '관용'이라는 의미이며, 이것은 정치적·종교적으로 나와 다른 생각을 하는 것에 대해 인정하고 존중한다는 의미다. 이런 똘레랑스가 가장 잘 실천되는 나라로는 프랑스와 네덜란드가 손꼽힌다. 마약이 합법화되어 있고 동성애자 간의 결혼도 인정되는 네덜란드가 우리의 추측으로는 무질서하고 엉망일 것 같지만, 사회적인 안정과 질서가 잘 유지되고 있고 국민의 행복지수도 높다. 그 이유는 네덜란드인들의 다음과 같은 생각 때문이다.

"나와 생각이 전혀 다르고 비정상으로 보일지라도 그것이 법을 위반하는 것만 아니라면 비난하지 않겠다"

법과 도덕의 차이는 무엇인가?

인간은 사회적 동물이다

'동물의 왕국'에 나오는 시베리아 호랑이는 평생을 혼자서 살아간다.

수컷 호랑이와 암컷 호랑이가 결혼(?)을 해서 새끼를 낳게 되면 아빠 호랑이는 새끼가 태어나기도 전에 다른 곳으로 떠나고, 혼자 남은 엄마 호랑이가 새끼를 낳아 키운다. 그러다가 새끼도 어느 정도 성장하면 아빠 호랑이가 그랬던 것처럼 엄마 호랑이를 두고 다른 곳으로 떠나서 혼자 살아간다. 그래서 호랑이의 일생은 늘 혼자다.

반면에 사람은 호랑이와 다르게, 혼자서 살기보다는 늘 다른

사람들과 집단을 이루어 살려는 성향이 있다. 작게는 가족과 마을이라는 집단, 크게는 지역과 국가라는 집단을 구성하고, 그 집단 속에서 살아간다. 그래서 그리스의 철학자였던 아리스토텔레스는 인간을 '사회적 동물'이라고 정의하였다.

인간이 사회적 동물이라는 의미가 잘 이해되지 않는다면 이런 상황을 상상해보라!

　　만약 학교에서 늘 친구 하나 없이 혼자서 왕따로 생활하게 된다면 어떠할까?

　　만약 사람이 살지 않는 무인도에서 평생을 혼자 살아가게 된다면 어떠할까?

　　아마도 이 두 가지 상황 속에서 사는 것을 기뻐하거나 행복하다고 느낄 사람은 거의 없을 것이다. 왜냐하면, 사람은 누구나 다른 사람들과 집단을 구성하여 같이 살려는 성향이 있기 때문에, 만약 이 두 가지 상황 속에서 살게 된다면 지독한 외로움 때문에 스스로에 대해 불행하다고 느낄 것이다.

　　그래서 인간을 '사회적 동물'이라고 정의 내린 것이다.

법과 도덕이 필요한 이유

　　법과 도덕이 필요한 이유에 대해 설명하기 전에 먼저 두 가지 질문에 대답해보자!

　　첫째, 만약 사람이 전혀 살지 않는 무인도에서 혼자 산다고 해도 법과 도덕이 필요할까?

　　둘째, 만약 성선설을 절대진리로 생각한다고 해도 법이 필요할까?

성선설과 성악설

성선설은 맹자의 주장으로서 인간의 본성은 원래부터 선한데 물질에 대한 욕심과 나쁜 환경에 물들어 가면서 악해진다는 것이다. 예를 들어 전쟁터에서 적군의 아이가 우물에 빠지게 될 위험에 처하게 되는 것을 본다면 그 누구라도 안타까워하는 것을 볼 때 인간의 본성은 원래 선하다는 것이다.

성악설은 순자의 주장으로서 인간의 본성은 원래부터 악하다는 것이다. 예를 들어 어린아이들이 말을 안 듣고 떼쓰는 것 등이다. 그러나 인간들이 선한 행동을 배우고 본받으려 하는 것은 인간이 선한 존재라면 '그럴 필요가 없는데 원래 악하기 때문에 그런 것을 채우기 위해서 그렇게 한다는 것이다.

먼저 첫째 질문에 답해보자.

만약 사람이 살지 않는 무인도에서 혼자 산다고 하면 법과 도덕이 모두 필요 없다.

아무도 살지 않는 무인도에서 벌거벗고 다닌다고 해도 누구도 욕할 사람이 없기 때문에 도덕이 필요 없고, 또 누군가와 다투고 싶어도 다툴 사람이 없기 때문에 법도 필요 없다.

이제 둘째 질문에 답해보자.

만약 사람의 본성이 원래 선하다는 성선설이 진리라면 도덕은 필요할 수 있어도 법은 필요 없다. 왜냐하면 사람의 본성이 원래 선하다면 악한 짓을 할 리도 없고, 또 실수로 잘못된 행동을 하더라도 잘 타이르거나 혹은 애정을 갖고 설득하면 스스로 뉘우치고 고치니까 강제적인 법적 처벌이 필요 없기 때문이다.

그런데 우리가 살아가는 세상은 무인도가 아니라 많은 사람이 집단을 이루어 살아가기 때문에, 자기행동으로 말미암아 다른 사람의 기분을 상하게 하거나 혹은 눈살을 찌푸리게 할 수 있으니, 자기 행동에 대해 스스로 조심하고 자제할 필요가 있다. 그래서 도덕이 필요하다.

또 어떤 사람들은 잘 타이르거나 애정 어린 설득을 해도 자신의 잘못을 뉘우치고 고치려 하지 않기 때문에 이들의 행동을 강제로라도 고쳐야 한다. 그래서 법이 필요하다.

그리고 법이 필요한 이유를 좀 더 구체적으로 설명해보자.

첫째, 집단을 이루고 사는 모든 개인의 욕망이 서로 달라서 충돌을 일으키는 경우에 서로 다른 개인의 욕망을 조화롭게 충족시키기 위해서다.

예를 들면, 술집 주인은 나이에 상관없이 누구에게라도 술을 팔아 이익을 남기고 싶지만, 청소년 자녀를 둔 부모들은 자녀가 술집에 들어가지 않기를 원한다. 이렇게 술집주인과 자녀를 둔 부모의 욕망이 충돌을 일으키는 경우를 조화롭게 해결하기 위해 미성년자의 나이를 '19세'로 정하고 '미성년자'에게는 술을 팔지 못하도록 하는 법이 필요한 것이다.

둘째, 사회질서를 유지함으로써 각 개인의 안전과 권리를 지키기 위해서다.

만약 다음과 같은 법이 없다면 어떤 일이 벌어질지 상상해보라!

신호등에 파란 불이 들어오면 차는 멈추고 사람만 지나가도록 하는 교통법이 없다면?

우리는 횡단보도를 건널 때마다 언제나 차에 치일 위험을 감수해야 한다.

공공건물 내에서 담배를 피우지 못하도록 하는 금연법이 없다면?

병원, 항공기, 학교 내부의 여기저기에서 담배 연기가 자욱해질 것이다.

공장에서 나오는 폐수와 쓰레기 처리에 대한 환경 보호법이 없다면?

공장들이 폐수와 쓰레기를 한강에 내다버리면서 한강은 순식간에 쓰레기가 둥둥 떠다니는 더러운 강이 될 것이다.

법과 도덕의 차이

법과 도덕은 사회질서의 유지를 통해 개인의 안전과 권리를 지킨다는 점에서 공통점을 갖고 있다. 하지만, 법과 도덕은 두 가지 점에서 차이를 갖고 있다.

첫째, 도덕은 동기를 중시하지만, 법은 결과를 중시한다.

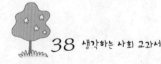

만약 어떤 어른이 공원에 갔다가 공원에서 술 마시고 담배 피우는 청소년들을 보고 혼을 내주기 위해 훈계와 함께 체벌로 그 청소년들을 몇 대씩 때렸다면?

때린 행위의 동기가 청소년들의 탈선을 막기 위한 순수한 의도였다면 도덕적으로 아무런 문제가 없다. 하지만, 법적으로는 그렇지 않다. 동기가 순수했다고 해도 행위의 결과가 결국은 폭력이기 때문에 법적으로는 처벌 대상이 된다.

만약 누군가에게 원한을 품어서 마음속으로 매일 저주하고 또 죽이겠다는 결심을 하고 치밀한 준비를 했다면?

누군가를 마음속으로 매일 저주하고 죽이기 위한 준비까지 한 것은 당연히 도덕적으로 비난의 대상이 된다. 하지만, 법적으로는 그렇지 않다. 마음속으로 매일 저주했다고 해도 겉으로 드러나는 행위가 없기 때문에 법적으로 처벌 대상이 아니다. 그리고 아무리 죽이기 위한 준비를 치밀하게 했다고 해도 실제로 죽이기 위한 행위가 발생하지 않았기 때문에 법적으로 처벌 대상이 아니다.

둘째, 도덕은 강제적이지 않지만, 법은 강제적이다.

만약 지하철에서 어떤 젊은이가 늙고 약한 할머니에게 자리를 양보하지 않는다면?

도덕적으로 그 젊은이는 비난의 대상이 되지만, 강제로 자리를 양보하게 하거나 처벌할 수는 없다.

하지만, 그 젊은이가 만약 음주운전을 한다면?

법적으로 음주운전이 금지되어 있기 때문에 법은 강제적으로 그 젊은이가 음주운전을 못하도록 할 뿐 아니라 처벌까지 한다.

간단히 말하면 도덕은 각 개인의 잘못된 행위를 고치는 데 있어서 양심에 호소할 뿐 강제적이지 않지만, 법은 국가의 막강한 힘을 바탕으로 개인의 잘못된 행위를 강제적으로 고치는 것이다.

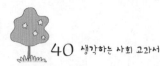

20년 전에 미국의 뉴욕에서 야간근무를 마치고 귀가하던 한 여성이 강도를 당한 사건이 있었다. 강도를 만난 이 여성은 도와 달라고 외쳤지만 아무도 돕는 사람이 없었고, 이 광경을 아파트 베란다에서 지켜본 사람이 여러 명 있었지만, 그들 중 누구도 경찰에 신고조차 하지 않았었다. 이 사건을 계기로 착한 사마리아인의 법을 만들어야 한다는 여론이 생겨났었다.

착한 사마리아인의 법이란 위의 사례처럼 각 개인이 반드시 해야 할 도덕적 의무를 지키지 않으면 법으로 처벌하자는 것이다.

그런데 이런 법을 만드는 것에 찬반 논쟁이 있었다.

이런 법을 만드는 것에 대해 찬성하는 사람들의 주장을 요약하면 다음과 같다.

도덕은 사회질서의 근본이기 때문에 만약 도덕이 흔들리고 타락하면 법질서도 자연적으로 흔들린다. 따라서 법은 도덕을 실현하고 강화시키는 역할을 해야 한다. 그런 이유에서 보면 당연히 지켜야 할 도덕적 의무를 실행하지 않는 경우에 대해서 법을 통해 처벌해야 한다.

그리고 반대하는 사람들의 주장을 요약하면 다음과 같다.

반도덕적인 행위가 공공의 이익에 명확한 손해를 주거나 혹은 타인의 권리를 해치는 것이라면 당연히 법적으로 처벌해야 한다. 하지만 '법은 도덕의 최소한'이라는 원칙을 고수해야 한다.

법은 도덕의 최소한이라는 원칙

'법은 도덕의 최소한'이다. 이 말은 독일의 법학자 옐리네크가 한 말이다. 인간은 사회적 동물로서 집단을 이루어 살기 때문에 서로를 위해 지켜야 할 도덕들이 있다. 그런데 그 도덕을 지키지 않으면 타인에게 피해가 되기 때문에, 국가가 강제로 지키도록 하는 것이 바로 '법'이라는 의미다.

그리고 이 원칙이 지켜져야만 하는 두 가지 이유가 있다.

첫째, 만약 반도덕적인 모든 행위에 대해 국가가 나서서 법적인 처벌을 한다면 결과적으로 개인의 모든 생활이 국가의 통제 속에 놓이므로 개인의 자유가 없어질 뿐 아니라 통치자의 권력이 지나치게 강해져서 독재정치를 낳게 된다.

둘째, 사람들이 행하는 모든 행위에 대해 도덕적인 것과 반도덕적인 것을 구분할 수 있는 절대적 기준이 존재하지 않으며, 만약 그런 기준이 존재한다고 해도 반도덕적인 모든 행위에 대해 법적인 처벌을 하는 것은 처음부터 불가능하다.

만일 반도덕적인 모든 행위에 대해 법적인 처벌을 한다면 어떻게 될까?

동네에서 노인에게 인사를 제대로 하지 않는 젊은이들을 잡아내기 위해 현재보다 경찰이 수천 명 더 필요할 것이고, 또 등산 갔다가 산에 쓰레기를 버리는 사람들을 잡아내기 위해서도 경찰이 수천 명 더 필요할 것이며, 반도덕적인 정도가 심한 행위를 한 사람들을 처벌하기 위해 전국에 훨씬 더 많은 교도소를 지어야만 할 것이다.

정보화 사회의 긍정적 영향과 부정적 영향

정보화 사회란?

백과사전에서는 정보화 사회를 이렇게 정의하고 있다.

정보가 유력한 자원이 되고 정보의 가공과 처리에 의한 가치의 생산을 중심으로 사회나 경제가 운영되고 발전되어 가는 사회.

그런데 학생들에게 이렇게 설명하면 대부분 무슨 의미인지 이해조차 못한다.

정보화 사회가 무엇인지 쉽게 접근해보자!

과거에는 사람들이 석유, 가스, 그리고 목재처럼 눈에 보이는 것들을 자원으로 여겼지만 각 대학이 어떤 방식으로 학생을 선발하는지 또는 수도권에서 어느 갈비집이 맛이 있는지에 대한 정

빠른길 안내서비스..
전방 500m...

보는 자원으로 여기지 않았다.

석유는 자동차를 굴러가게 하고, 가스는 불을 피워 밥을 할 수 있게 하며, 목재는 가구를 만드는 데 필요하기 때문에 중요한 자원으로 생각했지만, 각 대학이 학생을 선발하는 방식이나 수도권에서 어느 갈비집이 맛있는지에 대한 정보는 돈을 지불할 만큼의 가치는 없다고 생각했기 때문에 자원으로 여기지 않았던 것이다. 간단히 말하면 이런 정보를 갖고 있어서 나쁠 것은 없지만 이런 정보를 이용해서 돈을 벌 수는 없었던 것이다.

하지만, 지금은 달라졌다. 이런 정보를 이용해서 돈을 벌 수 있게 된 것이다. 각 대학의 학생선발 방식에 대한 정보를 갖고 입시 컨설팅을 통해 돈을 버는 업체들이 생겨났고, 수도권의 맛있는 식당들에 대한 정보를 돈을 받고 제공하는 사이트가 생겨난 것이다. 그래서 이제는 정보가 중요한 자원으로 여겨진다.

그런데 똑같은 나무로 가구를 만들더라도 가구 제작자의 기술과 노하우에 따라 가구 값이 달라지듯이 똑같은 정보라도 그 정보를 가공하고 처리하는 기술과 노하우에 의해 정보의 가치가 전혀 달라지면서 정보의 처리와 가공으로 가치를 높이기 위한 활동이 활발해지게 되었다.

예를 들면 과거에는 주식투자를 하는 사람들이 자신이 투자한 기업의 주식가격을 주로 신문을 통해 확인했다. 그런데 신문은 하루에 한 번만 받아 볼 수 있지만, 주식가격은 하루에도 여러 차례 가격이 변한다. 그래서 인터넷으로 모든 기업의 주식가격을 실시간으로 확인할 수 있는 사이트가 등장한 것이다. 말하자면 실시간으로 주식가격을 확인하게 함으로써 정보의 가치를 높인 것이다.

그럼 정보화 사회를 만들어낸 원동력은 무엇일까? 그것은 당연히 컴퓨터의 대중화와 인터넷 기술의 발전 덕택이다. 모든 사람이 컴퓨터를 갖게 되고 인터넷 기술이 발전한 덕택에 공간의 한계가 없어지면서 정보의 교류가 상상할 수 없을 만큼 신속하고 쉬워졌기 때문이다.

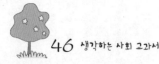

정보화 사회가 우리에게 가져다준 혜택들은 너무나 엄청나서 모두 말하기조차 힘들다.

과거에는 기차표·극장표를 예매하거나 은행 거래를 하려면 차를 타고 직접 가야만 했다. 하지만, 지금은 그럴 필요가 없다. 집에서 인터넷으로 예매도 가능하고 은행거래도 쉽게 할 수 있기 때문이다.

과거에는 미국에 사는 친척에게 편지를 보내려면 직접 우체국에 가서 비싼 요금을 내고 부쳐야 했고, 그 편지가 도착하려면 15일 이상이 걸렸었다. 하지만, 지금은 그럴 필요가 없다. 집에서 인터넷으로 메일을 보내면 1초 안에 미국의 친척에게 도착하기 때문이다.

과거에는 책을 사려면 직접 서점에 가야만 했고, 옷을 사려면 직접 백화점에 가야만 했다. 하지만, 지금은 그럴 필요가 없다. 집에서 인터넷 쇼핑몰을 통해 물건을 보고 주문만 하면 다음날 택배로 집에서 받을 수 있기 때문이다.

과거에는 생산된 물건이 소비자에게 전달되기까지 중간에 도매상과 소매상 등 여러 단계를 거쳐 전달되었지만, 지금은 생산자와 소비자가 인터넷을 통해 직거래를 할 수 있기 때문에 물건 가격이 이전보다 싸지면서 소비자들이 혜택을 받고 있다.

정보화 사회는 이러한 경제적 혜택뿐 아니라 정치적으로도 엄청난 혜택을 가져왔다.

　과거에는 사람들이 원하는 정보를 얻기가 쉽지 않았다. 예를 들어 국회에서 환경관련 법률을 제정하려는 경우, 그 법안을 어떤 국회의원이 제출했는지 알기가 어려웠다. 하지만, 지금은 인터넷을 통해 국회 홈페이지에 접속하면 어떤 국회의원이 제출했는지 쉽게 알 수 있다. 그리고 과거에는 국회에서 환경관련 법률을 제안한 그 국회의원에게 찬성이나 반대의견을 직접적으로 표현하기가 어려웠다. 하지만, 지금은 그 국회의원의 개인 홈페이지 혹은 국회 홈페이지의 여론 게시판을 통해 자기 의견을 표현하기가 쉬워졌다. 특히 그 법안에 대해 반대 의견을 가졌어도 자기 의견을 다른 사람들에게 알리고 설득함으로써 동조자를 구하고 집단적인 반대여론을 형성하는 것이 어려웠다. 왜냐하면, 신문과 방송을 통하지 않고는 일시에 많은 사람에게 자기 의견을 알리고 설득할 방법이 없는데 일반 시민은 그럴 기회를 얻기가 현실적으로 어려웠기 때문이다. 하지만, 지금은 인터넷을 통해 자기 의견을 일시에 많은 사람에게 알릴 수 있고, 또 의견을 같이하는 사람들과 커뮤니티를 형성하여 집단적인 의사표시를 하는 것이 가능해졌다.

　그래서 인터넷이 발달한 정보화 사회에서는 대중의 정보교환과 의사소통을 차단할 방법이 없어지면서 독재정치가 불가능해지는 정치적 발전이 이루어진 것이다. 이러한 발전에 대한 것은 다음과 같은 예를 생각해보면 더 쉽게 이해된다.

1980년 광주항쟁 당시 전두환 정권은 항쟁이 일어난 광주를 외부로부터 고립시키기 위해 세 가지 조치를 취했다. 방송과 신문의 보도를 통제했고, 광주로 연결되는 시외 전화선을 차단했다. 그리고 광주로 들어가는 모든 도로를 차단했다. 그래서 광주 시민은 외부 상황을 알 수 없었고, 외부에서는 광주에서 어떤 일이 일어나고 있는지를 알 길이 없었다.

만약 지금 광주항쟁과 같은 상황이 발생하고 쿠데타 세력이 그때와 똑같은 조치를 취한다면 어떻게 다를까? 광주 시민은 핸드폰을 통해 광주의 상황을 외부에 실시간으로 알릴 수 있고, 또 인터넷을 통해 국내는 물론이고 해외에까지 알릴 수 있을 것이다. 세계적인 미래학자 앨빈 토플러가 한국은 독재정치를 하기 힘든 단계에 들어섰다고 말한 이유도 바로 이런 점 때문이다.

정보화 사회의 부정적인 영향들

세상의 어떤 변화도 늘 긍정적인 영향만을 갖고 오지는 않는다. 기계의 발명으로 상징되는 영국의 산업혁명도 인류의 생산력을 비약적으로 발전시켰지만, 초기에는 기계에 밀려 일자리를 잃게 된 실업자들의 고통을 가져왔다. 이런 현상은 현재의 정보화 사회에서도 마찬가지다. 정보화 사회의 진행으로 산업이 자동화되어 많은 사람들의 일자리를 잃게 했다. 예를 들면, 과거에는 재벌그룹의 회장이 사원들 전체와 그 가족들 20만명에게 편지 한 통을 부치려고 해도 엄청난 인력이 필요했었다. 20만장의 편지를 인쇄해야 하고, 편지봉투에 주소를 적고, 우표를 붙이고, 차로 우체국까지 편지를 운반하려면 최소 100명 이상의 일손이 필요했었다. 하지만, 지금은 재벌그룹의 회장이 편지를 메일로 적어 클릭 한 번만 하면 몇 초 내에 20만명의 메일이 동시에 발송되기 때문에 100명의 일자리가 없어진 셈이다. 미래 학자들은 컴퓨터와 인터넷의 발전으로 인해 보험설계사, 자동차 세일즈맨, 부동산 중개사를 비롯한 수백 개의 직업이 없어지면서 현재와 비교할 때 90%의 일자리가 없어질 것으로 예측하기도 한다.

그리고 정보화 사회가 되면서 개인의 프라이버시가 쉽게 노출될 가능성이 커졌다. 예를 들어 어떤 개인이 사용한 신용카드 내역만 조회해봐도 그 사람에 대해 많은 것을 쉽게 알아낼 수 있기 때문이다.

만일 A라는 청년이 한 달간 사용한 신용카드의 내역을 조회했더니 다음과 같았다고 생각해보자.

7월 1일 : 강서구 등촌동 VIPS   80,000원

　　　　　강서구 공항동 CGV   16,000원

7월 2일 : 강남구 대치동 함흥냉면   6,000원

　　　　　강남구 삼성동 CGV   8,000원

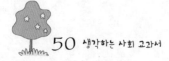

2일간의 카드 내역만으로도 우리는 A라는 청년에 대해 두 가지 사실을 추측할 수 있다.

첫째, 지불한 가격으로 볼 때 A가 7월 1일에는 VIPS와 CGV에 누군가와 같이 갔었고, 7월 2일에는 함흥냉면과 CGV에 혼자 갔을 가능성이 크다.

둘째, 식당과 극장의 주소로 볼 때 A가 7월 1일에는 강서구에서 시간을 보냈고, 7월 2일에는 강남구에서 시간을 보냈다.

그런데 만일 A가 몇 년간 사용한 카드내역을 모두 보게 된다면 A의 사생활에 대해 아주 많은 것을 알 수 있지 않을까?

그리고 만일 A가 몇 년간 사용한 핸드폰 통화내역까지 보게 된다면 A의 사생활에 대해 거의 모든 것을 알 수 있지 않을까?

그런데 정보화 사회가 되면서 생겨난 더 심각한 문제는 인터넷상에서 무책임한 글과 악성 댓글로 타인을 괴롭히는 사이버테러다. 몇 년 전 인기 탤런트였던 최진실 씨가 스스로 목숨을 끊는 불행한 일이 있었다. 그런데 그녀를 자살로 몰아간 것은 바로 인터넷에서의 악성 댓글들이었다. 내용을 보면, 그녀의 친구인 정선희의 남편이 사채업자들에게 시달리다가 자살을 했는데, 사채업자 중의 한 사람이 바로 그녀였다는 악의적인 글이 인터넷에 올랐고, 순식간에 악성루머가 퍼지면서 극심한 스트레스를 받게 되었던 것이다. 어려운 환경을 딛고 일어선 훌륭한 탤런트이자 엄마이기도 했던 소중한 한 생명이 악의적이고 무책임한 댓글에 희생된 것이다. 그런데 정작 그녀를 죽음으로 몰아넣은 가해자들은 아무도 큰 죄책감을 느끼지 못한다. 자신이 한 짓은 고작해야 글 한 줄 쓴 것밖에 없다는 생각 때문이다. 그런데 수많은 사람이 한 개인을 상대로 무책임하고 악의적인 댓글로 공격하면 당사자가 느끼는 정신적인 고통과 상처는 중세의 마녀사냥만큼이나 치명적일 수 있다는 점에서 사이버테러의 방지를 위한 법을 제정하게 되었다.

인터넷 실명제에 대한 찬반 논쟁

고(故) 최진실 씨 사망사건을 계기로 인터넷에서의 사이버테러를 방지하려는 조치 중 하나로 인터넷 실명제가 추진되었다. 인터넷 실명제란 네이버나 다음 같은 포털사이트에 자신의 이름과 주민등록번호를 입력해서 실명 확인을 해야만 가입이 이루어지고 게시판에 글을 올릴 수 있게 하는 제도이다. 그런데 인터넷 실명제에 반대하는 사람들과 찬성하는 사람들의 찬반 논쟁이 뜨거웠고 아직도 진행 중이다.

인터넷 실명제에 반대하는 사람들은 이렇게 말한다.

인터넷에서 사람들이 자유롭게 자기 생각을 표현할 수 있는 이유는 익명이기 때문인데 만약 실명제를 실시하면 사람들이 글을 통해 자기 생각을 표현하는 데 있어서 제한을 받을 수밖에 없으므로 국민

의 기본권인 표현의 자유를 침해하는 것이어서 반대한다.

인터넷 실명제에 찬성하는 사람들은 이렇게 말한다.

표현의 자유는 당연히 존중되어야 한다. 하지만, 표현의 자유는 언제 어디서나 주어지는 무제한의 권리가 아니라 필요한 경우에는 제한될 수 있는 권리다. 만약 인터넷상에서 상대방의 인격과 명예를 훼손하거나 사생활을 침해하는 경우가 생긴다면 표현의 자유는 당연히 제한되어야 한다.

인터넷 실명제에 반대하는 사람들은 이렇게 말한다.

인터넷에서 악플을 올리는 등의 행위는 사회 구성원의 도덕의식이 높아지고 건전한 인터넷 문화가 형성되면 저절로 해결될 수 있는 문제다. 따라서 이런 문제는 법에 의한 처벌보다는 네티즌들 스스로 건전한 인터넷 문화를 형성해 나가도록 하는 것으로 해결해야 한다는 점에서 반대한다.

인터넷 실명제에 찬성하는 사람들은 이렇게 말한다.

인터넷에서 무책임한 비난과 악플로 발생되는 범죄의 정도가 심각하므로 막연히 네티즌들 스스로 건전한 인터넷 문화를 형성해 나가는 것에만 맡길 만큼 한가롭지 못하니 법적인 제도를 마련하여야 한다.

인터넷 실명제에 반대하는 사람들은 이렇게 말한다.

인터넷 실명제가 되면 실명확인을 위해 주민등록번호를 입력시키게 되기 때문에 개인 정보가 노출됨으로써 피해가 발생될 위험성이 높아진다.

인터넷 실명제에 찬성하는 사람들은 이렇게 말한다.

인터넷에서의 악플로 자살을 하는 사람까지 생기는 마당에 개인 정보의 노출로 인한 악용 가능성만을 염려하여 익명을 유지하자고 주장하는 것은 너무나 이기적인 태도다. 개인정보의 노출로 인한 악용 가능성에 대한 것은 이에 대한 법적 처벌을 강화해서 해결해야 할 문제이지 인터넷 실명제에 반대할 만한 이유가 되지 못한다.

그럼 인터넷 실명제에 대한 찬반 논쟁에서 누구의 주장이 옳은 것일까?

이것에 대한 정답은 없다. 왜냐하면, 각자의 생각과 입장이 다를 수밖에 없기 때문이다.

정치가
이끄는 사회

평등이란 무엇인가?

1789년 프랑스 대혁명 기간에 발표된 인권선언은 이렇게 말하고 있다.

사람은 태어나면서부터 누구나 평등한 권리를 가진다.

귀족과 천민으로 상징되는 신분제도가 철폐되고, 백인과 흑인으로 구분되는 인종차별이 폐지된 현대사회에서 이 말에 이의를 제기하는 사람은 거의 없다. 하지만 우리가 살아가는 현실 사회에서는 여전히 '불평등'에 대한 비판의 목소리가 끊이지 않고 있으며 이로 인한 사회적 갈등이 존재한다.

어떤 사람들은 50평대 아파트에 사는데 어떤 사람들은 지하

단칸방에 산다.

어떤 사람들은 재산이 수십억인데 어떤 사람들은 하루 먹고살기도 힘들다.

어떤 아이들은 해외 캠프를 가는데 어떤 아이들은 끼니를 거르기도 한다.

사람들은 이런 현상에 대해 경제적 불평등이라고 말한다.

어떤 아이들은 해외 캠프를 가는데 어떤 아이들은 현장체험

갈 돈도 없다.

어떤 아이들은 해외 연수를 가는데 어떤 아이들은 참고서를 살 돈도 없다.

어떤 아이들은 민사고를 가려고 학원을 여러 개 다니는데 어떤 아이들은 민사고 학비를 낼 능력이 없어서 꿈조차 꾸지 못한다.

사람들은 이런 현상에 대해 교육의 불평등이라고 말한다.

물론 이런 현상들은 결코 바람직하지 않으며 반드시 개선되어야 한다. 하지만 우리가 살아가는 자본주의 사회에서의 '평등'개념으로 볼 때 이런 현상들은 '불평등'일까? 아니면 '빈부격차'일까?

어떤 이들은 불평등과 빈부격차가 결국 같은 것이 아니냐고 말할지 모른다. 하지만 불평등과 빈부격차는 분명히 다른 개념이며 이에 대해 정확한 구분을 할 필요가 있는 것은 다음과 같은 이유 때문이다.

불평등은 자본주의 사회에서 인정될 수 없는 사회악(社會惡)이며 당연히 개선되어야 할 대상이지만, 빈부격차는 자본주의 시스템의 특성으로 인해 늘 발생할 수밖에 없고, 또 인정되어야 할 대상이기 때문이다.

예를 들어, 10년 전에 빌 게이츠는 식사하는 시간마저 아까워 콜라와 햄버거만을 먹으며 하루 14시간씩 일을 했다지만 빌 게이츠만 그랬던 것은 아니다. 우리나라 벤처기업 사장인 S도 식사하는 시간이 아까워 우유와 김밥 한 줄로 끼니를 때우며 똑같이 하루 14시간씩을 일했다.

10년이 지난 지금 빌 게이츠는 수백억짜리 집에 살고 자가용 비행기까지 갖고 있다. 하지만 벤처기업 사장인 S는 여전히 반지하 월세 방에 살고 버스를 타고 다닌다.

두 사람이 10년 동안 하루 14시간씩 똑같이 죽어라 일했는데 지금 살고 있는 모습의 차이는 천당과 지옥이다. 이 현상에 대해 불평등이라고 말할 수 있을까?

자본주의 시스템에서는 이 두 사람의 차이를 불평등이라고 말하기 힘들며 어떤 면에서는 두 사람의 차이가 당연한 결과라고 평가된다.

그럼 두 사람의 차이가 당연한 결과라고 평가되는 것은 무슨 이유일까?

빌 게이츠가 설립한 마이크로소프트사(MS)는 윈도우라는 프로그램의 성공으로 빌 게이츠 자신만이 부자가 된 것이 아니다. 사업에 공동으로 참여한 폴 앨런과 스티브 발머를 억만장자로 만들어 주었고, 마이크로소프트에 투자한 12,000명의 주주를 백만장자로 만들어 주었다.

하지만 S가 설립한 벤처기업은 거액을 투자해서 개발한 프로그램의 실패 때문에 사업에 공동으로 참여한 사람들의 집을 날리게 했고, 이 회사에 투자한 100명의 주주에게 경제적으로 큰 손실을 안겨주었다.

이런 경우에 빌 게이츠는 수백억짜리 대저택에 살고, S는 반지하에 사는 것을 불평등이라고 말할 수 있을까?

그러면 자본주의 사회에서의 평등이란 무엇인가?

결론부터 말한다면 '법' 앞에서의 평등이다. 즉, 재벌회장이든 노숙자이든, 국회의원이든 환경미화원이든 법은 누구에게나 똑같이 적용된다는 것이다. 그런데 이 당연한 원칙이 제대로 지켜지는 나라가 생각보다 많지 않다. 그러나 이 당연한 원칙이 국가발전에 미치는 영향이 얼마나 큰지 싱가포르의 사례가 잘 말해 주고 있다.

싱가포르는 인구 400만의 소국이지만 1인당 국민소득이 4만 달러로 한국보다 2배가 높은 경제강국이다. 싱가포르가 이렇게 경제강국으로 성장할 수 있었던 원동력 중 하나는 법 앞에서의 평등을 실천한 리콴유 수상의 공정하고 엄격한 법집행이었다.

리콴유 수상은 건국 초기부터 부패행위조사국(CPIB)을 통해 부정부패로 모은 재산에 대해 증거가 확실하면 가차없이 몰수하고 지위고하에 상관없이 재판을 통해 실형을 선고하게 하였다. 리콴유의 이런 의지가 가장 상징적으로 보이는 사건이 1986년에 있었던 치앙완 수뢰사건이었다.

당시 싱가포르의 국가개발부 장관이었던 치앙완이 40만 싱가포르 달러를 뇌물로 받았다는 혐의로 CPIB의 조사를 받는 사건이 있었다. 싱가포르 건국의 1등 공신이었고 리콴유 수상의 평생

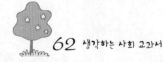

동지이기도 했던 그는 자신의 억울함을 총리에게 직접 말하겠다며 총리와의 만남을 요구한다. 하지만 리콴유는 치앙완이 현재 CPIB의 조사를 받는 중이므로 조사가 끝날 때까지는 만날 수 없다고 거절한다. 현직 장관이고 평생의 동지라 해도 CPIB의 조사를 받는 데 있어서 다른 사람들과 다른 대우를 받을 권리가 없다는 것이 리콴유의 소신이었던 것이다.

우리가 살아가고 있는 시장경제 시스템은 각자의 창의력을 최대한 발휘하며 경쟁을 통해 발전해가는 시스템이다. 그리고 모두가 똑같은 보상을 받는 것이 아니라 성과에 따라 다른 보상을 받게 되므로 잘사는 사람과 못사는 사람이 생기는 것은 불가피한 현상이며, 국가는 사람들 간에 공정한 경쟁이 이루어지도록 하는 역할을 하게 되는데, 이 역할을 하는 데 있어서의 핵심은 누구든지 법 앞에서 평등하다는 것을 실현하는 것이다.

기회의 평등

신분제가 엄격했던 고려와 조선시대에는 개인의 능력이 아무리 뛰어나도 태어난 신분이 노비이면 평생을 노비로 살아갈 수밖에 없었다. 다시 말하면, 태어난 신분에 따라 이미 올라갈 수 있는 자리가 제한되어 있었던 것이다. 이런 현상은 오늘날의 인도에서도 마찬가지다. 카스트 제도 때문에 개인의 능력과 상관없이 자기가 속한 신분에 의해 직업이 결정된다. 예를 들어 IQ 200이 넘는 천재라 해도 자기가 속한 신분이 '달리트'이면 평생 구식화 장실의 똥만 처리하는 직업을 갖고 살아야 한다.

인도의 카스트 제도

인도를 정복한 아리안 족이 원래부터 인도 땅에 살던 드라비다족을 통치하기 위해 만든 신분제도다. 카스트 제도는 1950년 인도 헌법을 통해 철폐되었지만 실제로는 지금도 여전히 인도사회에서 그대로 적용된다.

카스트 제도는 5개의 신분으로 나누어진다.

계급명칭	종사하는 직업	사회적 업무
브라만	성직자, 학자	힌두교의 신들에게 기도를 드리고 교육을 담당
크샤트리아	왕족, 귀족, 무사	국가를 통치하며 사회질서 유지를 담당
바이샤	농민, 상인, 공업	생산 활동과 관련된 일을 담당
수드라	하인, 잡일	상위카스트의 하인 및 생산 활동과 관련된 일을 담당
달리트	시체처리, 화장실 똥을 처리	타락하고 죄가 많은 계급이므로 교육을 받아서도 안 되고 오로지 상위 카스트 사람들이 하기 싫어하는 힘들고 더러운 일만 담당

흔히 '불가촉천민'으로 불리는 달리트는 악마로 인식돼서 모든 카스트 사람에게 멸시와 천대를 받고 살아간다. 이들은 거주할 수 있는 지역도 제한되어 있으며, 다른 카스트 사람들이 거주하는 곳의 물도 마실 수 없고, 심지어 길거리에서 우연히 다른 카스트 사람과 신체적 접촉이 발생할 경우 큰 죄로 간주되어 죽음을 당할 수도 있다.

달리트 문제에 대한 간디와 암베드카르의 대립

인도가 독립되고서 초대 법무부 장관이었던 암베드카르는 헌법을 통해 카스트 제도를 철폐하고, 달리트에 대한 차별을 금지하는 강력한 법률을 만들려고 하였다. 하지만, 간디의 반대에 부딪혔다. 간디는 달리트의 정치적 독립을 영국의 분열책이라고 주장하며 이 법에 대한 반대표시를 분명하게 하기 위해 단식까지 감행했다. 결국, 인도의 국부로 추앙받던 간디의 강력한 반대로 이 법은 만들어지지 못했고, 인도에서 달리트에 대한 잔인하고 혹독한 차별은 지금까지도 계속되고 있다. 그런데 달리트에 대한 차별을 금지하는 법에 간디가 반대했다는 내용을 읽은 학생들은 이런 생각이 들 수도 있을 것이다.
"간디는 훌륭한 사람인 줄 알았는데… 이제 보니 훌륭한 사람이 아니었네……."
혹은 이런 식의 문제제기를 하는 학생도 있을지 모른다.
"이 책을 쓴 선생님은 왜 간디를 깎아내리려고 하지?"
이런 생각을 하는 학생들에게 간디에 대한 지은이의 생각을 요약해서 말하면 이렇다.
"간디는 누가 뭐라고 해도 인도의 독립영웅이며 국부로 추앙받을 만할 훌륭한 사람이었다. 하지만, 모든 인간은 완전무결하지 않기 때문에 때로는 잘못된 판단과 행동을 할 수 있다. 달리트 문제에 대한 간디의 판단과 행동도 마찬가지라 생각할 수 있다. 오늘날 인도에서 달리트들이 받는 혹독한 차별을 생각하면 그 당시 간디의 판단과 행동은 올바른 것이 아니었던 것이다. 우리가 위인들에 대한 역사를 배우는 목적은 그들이 했던 판단과 행동이 사회 혹은 국가에 어떤 영향을 미쳤는지에 대해 알려는 것이다. 그런 맥락에서 보면 역사의 위인들에 대해 모든 것을 미화시키고 찬양하는 관점으로만 바라보는 것은 바람직하지 않다. 그런 관점으로만 역사를 배우려 한다면 우리가 역사를 통해 배울 수 있는 교훈이 거의 없어지기 때문이다."

신분제도가 철폐되고 모든 인간이 평등하게 대우받는 현대사회에서는 모든 사람에게 동등한 기회를 줘야 한다는 '기회의 평등'이 중요한 가치로 인식되고 있다.

그럼 기회의 평등이란 무엇인가?

신라시대에는 성골이나 진골 계급의 사람이 아니면 아무리 뛰어난 학식과 정치적 식견을 갖추어도 고위관료가 되는 길이 차단됐었다. 하지만, 현대사회에서는 누구든 대통령 선거에 나설 수 있는 자격이 보장되어 있고 미국에서는 흑인으로 태어난 오바마가 대통령이 되었다. 이것이 기회의 평등이다.

인도에서는 아무리 머리가 좋고 공부를 잘해도 달리트로 태어난 아이는 인도 명문대학의 선발에 응시할 수도 없다. 하지만, 현대사회에서는 누구나 명문대학에 응시할 자격이 보장되어 있고 한국에서는 부모의 사회적 지위와 관계없이 아이의 학업능력

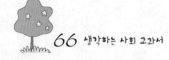

만 뛰어나면 서울대학교에 입학할 수 있다. 이것이 기회의 평등이다.

조선시대에 백정(동물을 도살하는 직업을 가진 천민)의 아들로 태어난 사람은 아버지의 직업을 그대로 물려받을 수밖에 없었고, 평생 멸시와 천대를 받으며 가난하게 살아갈 수밖에 없었다. 하지만, 현대사회에서는 법관의 아들이든 환경미화원의 아들이든 상관없이 사법고시에 응시해서 판사가 될 수도 있고, 외무고시에 응시해서 외교관이 될 수도 있다. 바로 이것이 기회의 평등이다.

기회의 평등이란 간단히 요약하면 누구든지 부모의 지위와 상관없이 개인의 능력만으로 평가받기 때문에 공정한 경쟁을 하게 된다는 것을 의미한다.

즉, 판사의 아들과 환경미화원의 아들이 사법고시에 응시할 때 똑같은 조건으로 경쟁하게 되며, 고위 관료의 딸과 목욕탕 때밀이 아줌마의 딸이 서울대학교에 응시할 때도 똑같은 조건으로 경쟁하게 되는 것이다.

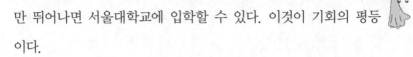

기계적인 평등이 정의로운 것인가?

1980년대까지 소련과 동유럽의 공산국가들은 개인의 능력이나 노력에 상관없이 무조건 똑같은 보상을 하는 기계적인 평등을 추구했었다. 하지만, 모두가 똑같이 살아가는 절대평등을 꿈

꾸었던 이들의 실험은 결국 국가경제의 파탄을 가져오면서 실패로 끝나고 말았다.

기계적 평등을 추구했던 이들의 실험이 국가경제의 파탄을 가져오며 실패한 이유는 간단하다. 1990년대에 소련의 항공사와 한국의 대한항공을 비교해보면 쉽게 이해되리라 생각된다.

대한항공의 스튜어디스들은 고객들에게 미소를 띠며 친절하다. 하지만, 소련 항공사의 스튜어디스들은 무뚝뚝하고 전혀 친

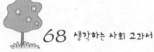

절하지 않다. 왜 그럴까? 그녀들은 고객의 반응에 신경 쓸 필요가 없기 때문이다.

대한항공의 직원들은 고객 서비스의 질을 높이기 위해 온 힘을 다한다. 하지만, 소련 항공사의 직원들은 고객 서비스를 높이는 것에 관심이 없다. 왜 그럴까? 그들은 서비스 만족도를 높여서 더 많은 고객을 끌어들일 필요가 없기 때문이다.

대한항공의 운영진들은 효율적인 경영으로 원가절감을 위해 밤을 새우고 고민한다. 하지만, 소련 항공사의 운영진들은 그런 고민을 전혀 하지 않는다. 왜 그럴까? 그들은 회사가 흑자를 보든 적자를 보든 자기 이익과는 아무런 상관이 없기 때문이다.

소련의 항공사 직원들은 오로지 시간만 때우면 성과에 관계없이 모두가 똑같은 월급을 받기 때문에 개인의 창의성을 발휘하거나 열심히 할 필요성을 느끼지 못한다. 그리고 회사가 엄청난 적자를 낸다고 해도 신경 쓰거나 고민할 필요도 없다. 결국, 회사의 적자는 고스란히 국가의 부담이 되기 때문에 국가경제가 파탄까지 갈 수밖에 없었던 것이다.

결론적으로 기계적 평등을 추구하는 것은 개인의 창의성과 노동의욕을 감소시킴으로써 경제발전을 후퇴시키는 결과를 만들어 낸다.

더구나 기계적 평등이 정의로운 것인가에 대한 문제제기를 일으킬 수 있다.

이런 경우를 가정해보자!

철수와 만수가 사과농장에서 사과를 따는 작업을 했다.

철수는 8시간 작업을 하면서 쉬지 않고 열심히 일해서 500개의 사과를 땄다.

만수는 8시간 작업을 하면서 적당히 게으름을 피운 탓에 200개의 사과를 땄다.

그럼 철수와 만수가 하루 일당으로 똑같은 액수의 돈을 받는 것이 정의일까? 아니면 철수가 만수보다 더 많은 액수의 돈을 받는 것이 정의일까?

아마도 대부분의 사람은 철수가 만수보다 더 많은 액수의 돈을 받는 것이 정의라고 대답할 것이다. 하지만, 기계적 평등의 관점에서는 철수와 만수가 똑같은 돈을 받는 것이 정의가 된다. 그런데 철수와 만수가 똑같은 돈을 받게 된다면 어떤 상황이 발생할까?

그동안 쉬지 않고 열심히 일했던 철수도 만수처럼 적당히 게으름을 피우며 일할 것이다. 그리고 농장 전체의 사람 모두 게으름을 피우며 적당히 일하는 탓에 사과의 수확량이 급격히 적어져서 모두가 이전보다 훨씬 적은 돈을 받게 될 것이다.

기계적 평등은 사람들의 창의력과 노동의욕을 떨어뜨려서 생산과 발전을 가로막아 결국 모두를 가난하게 한다는 것을 이미 소련의 몰락이 입증한다.

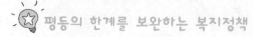
앞서 설명한 대로 시장경제에서의 평등은 법 앞에서의 평등과 기회의 평등이 핵심이다. 그리고 시장경제는 개인의 능력과 노력에 따라 보상이 달라지는 시스템이어서 개인의 창의력과 노동의 욕이 최대한 발휘되어 발전을 이루게 된다. 하지만 모든 시스템이 완전무결할 수는 없듯이, 오로지 법 앞에서의 평등과 기회의 평등을 실현시키는 것에만 집중하게 되면 장애인과 노인 등의 사회적 약자에 대한 배려가 없어지고, 극단적인 빈부격차의 발생으로 사회적 안정감을 깨뜨린다는 한계가 있다.

그래서 국가가 세금제도를 통해 사회적 약자를 배려하고 빈부격차를 조절하기 위한 복지정책을 펼치게 되는데, 복지정책의 폭을 어느 정도의 크기로 해야 하는지가 늘 고민거리가 된다. 복지정책의 폭이 너무 크면 사람들의 노동의욕을 떨어뜨리는 문제가 생기고 거꾸로 너무 작으면 빈부격차가 심하게 벌어지는 문제가 생기기 때문이다.

복지정책의 폭이 큰 스웨덴과 반대로 폭이 작은 미국의 사례를 비교하면 쉽게 이해된다.

스웨덴은 소득이 높은 사람들에게 많은 세금을 거두어서 소득이 낮은 사람들에게 분배하는 복지정책을 시행하고 있다. 그래서 소득이 아주 높은 사람에게는 소득의 80% 이상을, 그리고 소득이 아주 낮은 사람에게는 소득의 10% 미만을 세금으로 거두어들인다. 따라서 부자들은 많은 돈을 벌어도 어차피 너무 많은 세금을 내기 때문에 스웨덴을 빠져나가려고 하며 투자도 외국에 하는 것을 선호한다. 그리고 사람들이 실직해도 복지정책 때문에 먹고 사는 데 지장이 없으므로 근로의욕이 낮아져서 일이 힘들면 쉽게 포기하는 경향이 생긴다는 문제를 안고 있다.

미국은 소득이 높은 사람들에게 많은 세금을 거두어서 소득이 낮은 사람들에게 분배하는 정책이 아니다. 그래서 소득이 아주 높은 사람에게는 소득의 50% 미만을, 그리고 소득이 낮은 사람은 소득의 30%를 걷는다. 미국은 고소득자에게 조금 더 많이 걷어 들인 세금으로 저소득층 사람들에게 굶어 죽지 않을 정도의 최소한의 복지정책을 펼치는 것이다. 미국의 이런 정책은 사람들의 근로의욕을 높여서 성장을 촉진하는 장점이 있지만, 빈부격차가 점점 더 커지는 문제를 안고 있다.

성장우선 정책
Vs
분배우선 정책

성장을 가능하게 하는 요인들

경제성장이란 경제의 규모가 커지고 국민의 소득이 높아지는 것을 말한다. 한국은 1960년대부터 엄청난 경제성장을 이루었다. 1970년대까지만 해도 자장면은 졸업식 때나 먹는 귀한 음식이었고 콜라도 학교에서 소풍 갈 때만 마시는 귀한 음료였다. 그러나 경제가 성장하면서 우리의 소득수준이 높아지고 여러 가지 물건이 싼값으로 공급되면서 사회 전체가 풍요로운 생활을 누리게 된 것이다.

경제를 성장하게 하는 요인은 3가지다. 즉 노동력, 자본, 정보이다. 경제가 성장하기 시작하는 초기 단계에서는 노동력이 결정

적인 역할을 하게 된다. 초기에는 노동력을 많이 요구하는 산업, 즉 신발·섬유 등이 발전하게 되고, 다음 단계에서는 자본이 중요한 성장요인이 되어 대규모 설비와 생산시설을 요구하는 자동차, 조선 등의 산업이 성장한다. 그리고 산업이 고도화(高度化)되면 정보와 기술이 중요한 성장요인으로 등장한다. 그런데 정보와 기술을 바탕으로 한 성장은 극소수의 창의적인 인재만을 필요로 하기 때문에 고용창출이 거의 되지 않는다. 그래서 경제는 성장해도 그 혜택이 극소수의 사람에게만 돌아가기 때문에 빈부격차를 더 심하게 만든다는 한계가 있다. 현재 이러한 한계가 가장 뚜렷하게 나타나는 사례가 바로 인도이다. 인도는 IT산업을 바탕으로 경제가 눈부시게 발전하고 있지만, 생활수준이 높아지는 사람들의 숫자는 극소수에 불과하며 인도인 중 절대다수는 아직도 극심한 빈곤에서 벗어나지 못하고 있다.

☆ 분배의 문제가 제기되고 있는 이유

분배란 생산활동에 참여한 각 개인이 생산물을 나누는 것을 말한다. 예를 들면 노동을 제공한 사람은 임금, 자본을 제공한 사람은 이자, 그리고 건물이나 토지를 제공한 사람은 임대료의 형태로 각자의 몫을 나누는 것이다. 그런데 경제가 성장하면서 우리 사회에서도 분배의 문제가 제기되었다.

일반적으로 경제가 성장하면 실업자가 줄어들고 소득수준이 높아지면서 사회 전체적으로 생활수준이 향상되고, 절대빈곤이 사라진다. 그런데 절대빈곤이 사라진다고 해서 모든 사람이 행복해지는 것은 아니다. 왜냐하면, 절대적 빈곤이 사라지는 순간 곧바로 상대빈곤의 문제가 생기기 때문이다.

예를 들어, 어떤 사람은 월 200백만원을 벌어서 비록 굶지는 않아도 반지하에서 힘겹게 살아가는데, 어떤 사람은 월 2,000만원을 벌어서 50평대 아파트에서 여유롭게 살아가는 것을 보면 상대적 빈곤감을 느끼게 되기 때문이다.

그리고 분배를 어떻게 하는 것이 정의(正義)인지에 대해서는 각자의 의견이 모두 다르다.

예를 들어 사과 농장에서 공동으로 작업한 경우, 어떤 사람은 노동의 양(작업에 참여한 시간)을 기준으로 분배하자고 할 수 있고, 또 어떤 사람은 노동의 질(작업의 실제적인 성과)을 기준으로 분배하자고 할 수 있다. 그런데 어떻게 분배하는 것이 정의인지에 대한 것은 개인의 가치관에 따라 달라지기 때문에 모두를 만족시킬 수 있는 방법이 없어서 늘 갈등의 소지를 안고 있다.

성장이 분배보다 우선되어야 한다는 주장

성장 우선론자들은 경제성장이 이루어져야 분배도 가능하다고 주장한다. 먼저 파이의 크기를 키운 다음에 분배해야 각자에게 돌아갈 몫이 커지므로 성장이 계속되면 그 혜택이 상위계층에서 하위계층으로 점차 확산되어 자연스럽게 분배의 문제도 해결된다는 것이다. 그리고 과도한 분배정책이 성장을 멈추게 하여 결국은 모두를 가난하게 만들어서 나중에는 분배하려고 해도 분배할 것이 없는 상태가 될 수 있다고 말한다.

예를 들어 복지정책을 대폭적으로 확대하기 위해 기업들에게 법인세를 과도하게 징수하면 기업의 투자가 줄어들고, 그렇게 되면 고용도 줄어들면서 실업자가 생겨나고, 실업자의 숫자가 늘어나면 유효수요(구매력을 가진 수요)가 줄어들어 시장이 침체하면서 다시 기업들이 어려워지고, 그렇게 되면 실업자의 숫자는 더 늘어날 수밖에 없는 악순환이 발생한다고 말한다.

그들은 과도한 분배정책이 성장을 멈추게 한 사례로 아르헨티나를 말한다. 20세기 초반까지 아르헨티나는 전 세계의 식량창고 역할을 할 만큼 농업이 발달해서 세계 5대 경제부국에 속했던 나라였다. 그런데 산업이 1차 산업에서 2차, 3차 산업으로 고도화되는 변화에 뒤처지면서 성장의 기회를 놓쳤고, 성장의 기회를 놓친 상태에서 지속적인 분배정책을 편 결과 1970년대부터 경제가 몰락하기 시작했다는 것이다.

또한 이들은 과도한 복지정책이 성장의 발목을 잡을 수 있다고 말한다. 1960년대에 완벽한 사회보장 제도를 마련한 영국은 근로자들의 근로의욕 감퇴, 그리고 복지비용의 과다로 인한 재정적자와 만성적인 인플레이션 때문에 국가경제가 어려움을 겪었다고 말한다. 그래서 국가가 저소득층에게 과도한 지원을 하게 되면 사람들의 근로의욕이 약해져서 노동력의 부족을 발생시키고, 그렇게 되면 경제전체의 성장동력을 멈추게 한다는 것이다.

　분배 우선론자들은 공평한 분배가 없이는 장기적인 성장이 불가능하며, 더구나 공평한 분배 없는 성장이 무슨 의미가 있느냐고 반문한다. 생산 활동을 통해 경제 발전에 기여한 근로자들이 자신이 노력한 만큼의 공평한 분배를 받지 못하면 근로의욕을 상실할 수밖에 없으므로 성장의 원동력이 장기적으로 지속되려면 분배가 우선이라고 말한다.

　그리고 이들은 일단 성장이 되면 점차적으로 자연스럽게 분배가 이루어진다는 성장 우선론에 대해 '공상 같은 낙관론'에 불과하다고 비판한다. 상위계층은 성장의 혜택을 받아 자본축적이 이루어져서 더 큰 경쟁력을 갖출 수 있고, 이러한 경쟁력을 바탕으로 더 큰 혜택을 얻어낼 수 있지만, 성장의 혜택을 받지 못한 하위계층은 경쟁력을 갖추지 못한 탓에 성장의 혜택을 얻어내는 데 있어서 상위계층에게 계속해서 밀릴 수밖에 없다고 말한다. 그러므로 성장을 하는 과정에서 자연적으로 분배가 이루어지는 것이 아니라, 상위계층과 하위계층 간의 빈부격차만 더 커질 수밖에 없다고 말한다.

　그리고 이들은 분배가 제대로 되지 않을 경우의 사회적 불안정에 대해 강조한다. 분배가 먼저 이루어지지 않으면 소득 불평등으로 인한 하위층의 사회적 불만이 사회안정을 위협할 수 있고, 사회안정이 이루어지지 않으면 지속적인 성장도 불가능하다

고 말한다. 또한 이들은 저소득층에 대한 복지 정책이 그들에게
소비할 수 있는 돈을 마련해주어 유효수요를 늘림으로써 시장을
활성화시키는 효과가 있다고 말한다.

성장과 분배의 조화 : 터널효과(tunnel effect)

성장이 우선이냐, 분배가 우선이냐 하는 논쟁에서 자주 인용
되는 이론이 '터널효과'다. 터널효과란 분배 없이 성장만 우선하
다 보면 결국 사회적 혼란이 생기면서 성장을 멈추게 할 수 있기
때문에 성장과 분배가 조화롭게 이루어져야 한다는 것이다.

더 읽어 보기

터널효과

후진국에서 선진국으로 가는 터널에는 '성장'과 '분배'라는 두 개의
차선이 있다. 초기에는 두 개의 차선 중 한 개의 차선(성장)만 차가
움직여도 다른 차선에서 기다리는 사람들이 자기가 있는 차선도 곧
움직일 것이라는 기대감(성장의 혜택이 자기들에게도 있을 것이라는
희망)을 갖기 때문에 참고 기다린다. 그러나 다른 차선만 계속 움
직이고 자기 차선의 정체가 너무 길어지면(분배가 장기간 이루어지
지 않으면) 불만이 쌓이기 시작한다. 그러다가 마침내 차량 소통을
통제하는 교통경찰(국가)을 불신하게 되고, 교통법규를 지키지 않게

　　어느 나라나 경제가 성장하는 초기 단계에서는 소득 불평등에 대한 이해의 정도가 높지만 경제가 성장하고 시간이 지날수록 이해의 정도가 낮아지기 마련이다. 그래서 공평한 분배로 소득 불평등의 문제를 개선하지 못하면 사회적, 경제적 불안으로 말미암아 경제성장의 원동력을 잃게 될 수 있다. 그래서 성장과 분배를 각각 별개의 것으로 생각하는 이분법적 사고방식에서 벗어나서 성장과 분배의 조화를 이루어낼 방안을 생각해야 한다.

　　현재 이러한 시도를 하는 나라들이 있다.

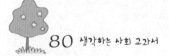

첫째 사례는 브라질이다. 철강 노동조합 위원장 출신으로 대통령에 당선된 룰라는 그의 선거공약대로 집권 초기에 분배우선 정책을 강력히 시행했다. 하지만, 1년이 지나고 그는 경제정책에 있어서 분배우선 정책의 포기를 선언했다. 성장이 되지 않는 상태에서의 분배는 공허한 이상에 불과하다는 것이 그의 판단이었던 것이다. 그가 분배우선 정책의 포기를 선언하자 그를 지지했던 노동조합의 지도자들은 그를 배신자라고 비난했다. 이런 비난에 대해 그는 이렇게 대답했다.

결혼을 하지 않은 총각과 결혼을 해서 먹여 살려야 할 처자식이 있는 가장의 생각은 다를 수밖에 없다.

브라질의 경제정책이 '분배우선'에서 '성장을 기반으로 하는 분배'로 전환된 이후 경제는 빠르게 성장했고, 그 결과 절대 빈곤층의 인구가 급격히 줄어들었을 뿐 아니라 빈부격차도 상당히 줄어들었다.

둘째는 아일랜드이다. 1845년 대흉년으로 100만명이 굶어 죽었고 200만명이 미국으로 이민을 떠났던 아일랜드는 1980년대까지도 실업자가 넘쳐나고 인플레이션이 심해 해외로 이민을 떠나려는 사람들이 줄을 잇고 있던 가난한 나라였다. 그런데 지금의 아일랜드는 1인당 GDP가 46,000달러로 영국과 프랑스를 앞지르고 있다.

아일랜드가 이런 기적을 이루어낸 비결은 기업하기 좋은 환경을 만들어서 해외기업들을 아일랜드로 유치한 덕택이다. 기업들이 내야 하는 세금을 줄였고, 해고를 쉽게 할 수 있도록 법을 개정해서 인텔을 비롯한 세계적인 대기업들이 아일랜드에 공장을 짓도록 유치한 것이다. 그 결과 아일랜드인의 일자리가 넘쳐나서 1980년대에 18%였던 실업률이 지금은 4% 이하로 줄어들었다.

그리고 이들 기업이 내는 세금으로 아일랜드 정부는 교육시설을 확대하고 첨단산업에 대한 지원금을 늘려서 국가경쟁력을 강화하고 있다. 아일랜드의 이런 정책은 이 나라 부총리였던 메리하니가 했던 이 말 속에 잘 내포되어 있다.

경제적 성공 없이 사회적 약자를 포용할 수 없다.

시장경제와
계획경제의
차이에 대하여

경제활동의 주체가 개인 Vs 국가

사람들은 누구나 자신과 가족들의 생계유지를 위해 여러 가지 활동을 한다. 농사를 짓고, 장사를 하고, 버스 운전을 하거나 혹은 학교에서 아이들을 가르치는 등의 활동을 하는데 이런 모든 활동을 '경제활동'이라고 한다. 그리고 경제활동의 내용을 구분하면 생산, 소비, 분배의 세 가지 활동으로 나눌 수 있는데, 이러한 경제활동의 주체가 개인이냐 혹은 국가이냐에 따라서도 다음과 같이 구분할 수 있다.

시장경제=자본주의 : 경제활동(생산, 소비, 분배)의 주체가
'개인'인 경제제도

**계획경제=사회주의 : 경제활동(생산, 소비, 분배)의 주체가
'국가'인 경제제도**

시장경제에서는 빵집 주인이 빵을 몇 개 만들지를 국가에 묻지 않고 본인이 판단하고 결정한다는 점에서 생산의 주체가 개인이다. 반면에 계획경제에서는 빵을 몇 개 만들지를 빵집 주인이 결정하지 않고 국가의 지시를 받아 만든다.

시장경제에서는 각 개인이 빵을 몇 개 살지를 국가에 묻지 않고 본인이 판단하고 결정한다는 점에서 소비의 주체가 개인이다.

반면에 계획경제에서는 각 개인에게 필요하다고 생각되는 빵의 개수를 국가가 판단하고 결정하여 배급한다.

시장경제에서는 빵집 주인이 그달에 번 돈으로 종업원에게 월급을 얼마나 줄지 국가에 묻지 않고 본인이 판단하고 결정한다는 점에서 분배의 주체가 개인이다. 반면에 계획경제에서는 모든 재산이 개인소유가 아니라 국가소유이므로 수익을 배분하는 것도 국가가 판단하고 결정한다.

그런데 오늘날은 시장경제와 계획경제의 구분이 사실상 무의미하다. 왜냐하면, 사회주의 국가의 대표역할을 해왔던 소련연방이 1991년에 해체되면서 러시아와 동유럽 국가들이 시장경제로 전환하였고, 베트남과 중국도 1980년대부터 이미 시장경제로 돌아섰기 때문이다. 그래서 지구상에서 아직도 사회주의 경제로 운영하는 나라는 북한과 쿠바를 제외하고는 거의 없어서 시장경제와 계획경제를 구분하는 것이 별로 의미가 없어졌다고 보인다.

시장경제는 개인의 '이기심 추구'를 사회발전의 원동력으로 인정

성경에서는 인간의 이기심을 죄악으로 보는 경향이 강하다.

욕심이 죄를 낳고 죄가 장성하여 사망을 잉태하였도다.

불경에서도 이와 비슷한 내용의 교훈을 많이 말하고 있다.

욕심으로부터 걱정이 생기고 두려움이 생긴다. 하지만 욕심이 없는 곳에는 걱정이 없으니, 두려움도 없다.

종교에서는 대체로 인간의 욕망을 부정적인 것으로 보지만 현실세계에서는 인간의 욕망이 없다면 모든 발전이 멈출 가능성이 크다. 젊은 남녀들이 애정에 대한 욕망이 없으면 아기가 태어나지 않고, 잘살고 싶다는 욕망이 없으면 누구나 열심히 일하지 않으며, 아파트를 지어 돈을 벌겠다는 건설업자의 욕망이 없다면 우리는 아파트에서 살 수도 없다.

영국의 경제학자 아담 스미스는 그의 저서인 《국부론》에서 개인의 이기심 추구를 다음과 같이 표현하고 있다.

우리가 저녁식사를 기대할 수 있는 것은 정육업자, 양조업자, 제빵업자들의 자비심 때문이 아니라 그들의 개인 이익추구 때문이다. 사람은 누구나 공공의 이익을 증진하려고 의도하지 않으며 또 얼마나 증대시킬 수 있는지도 알지 못한다. 그들은 단지 자신의 안전과 이익을 위하여 행동할 뿐이다. 그러나 이렇게 행동하는 가운데 '보이지 않는 손'의 인도를 받아서 원래 의도하지 않았던 목표를 달성할 수 있게 된다. 이와 같이 사람들은 자신의 이익을 열심히 추구하는 가운데서 사회나 국가 전체의 이익을 증대시킨다.

아담 스미스가 말한 위의 내용이 잘 이해되지 않으면 먼저 아래의 질문에 답해보라?

파리바게뜨 빵집 아저씨가 비가 오나 눈이 오나 하루도 거르

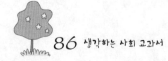

지 않고 빵을 굽는 이유는?

1. 빵을 좋아하는 아이들을 위해서

2. 자신이 돈을 벌기 위해서

파리바게뜨 빵집 아저씨가 빵 맛을 더 좋게 하기 위해 매일 밤 연구를 하는 이유는?

1. 아이들에게 더 맛있는 빵을 먹이고 싶어서

2. 다른 빵집보다 더 많은 빵을 팔고 싶어서

대부분의 사람이 생각하는 답은 '2번'이다. 빵집 아저씨가 비가 오나 눈이 오나 하루도 거르지 않고 빵을 굽는 이유는 자신의 이익을 위해서이며, 우리는 그 덕분에 언제든지 빵을 먹을 수 있는 것이다. 빵집 아저씨가 빵 맛을 더 맛있게 하기 위해 매일 밤 연구를 하는 이유도 자신의 이익을 위해서이며, 우리는 그 덕분에 더 맛있는 빵을 먹을 수 있는 것이다.

두 가지 질문에 더 답해보라?

파리바게뜨 빵집 아저씨는 단팥빵 한 개의 가격을 얼마에 팔고 싶을까?

1. 800원   2. 8,000원

파리바게뜨 빵집 아저씨가 8,000원에 팔고 싶으면서도 800원으로 파는 이유는?

1. 국가가 8,000원에 파는 것을 금지했기 때문에

2. 8,000원에 팔면 빵이 팔리지 않아 망할 것 같아서

이것 역시 대부분의 사람이 생각하는 답은 '2번'이다.

파리바게뜨 빵집 아저씨는 단팥빵 한 개에 8천원을 받고 싶을 것이다. 그리고 국가는 그가 8백원을 받든 8천원을 받든 간섭하지 않는다. 하지만 8천원을 받으려 할 경우 빵이 팔리지 않아 망할 것으로 판단하여 스스로 8백원을 받은 것이다. 결론적으로 국가가 간섭하지 않아도 빵값이 '보이지 않은 손'에 의해 저절로 결정되는 것이다.

더 읽어 보기

아담 스미스의 보이지 않는 손이란?

사람은 누구나 자기에게 손해가 되지 않고 이익이 되도록 하기 위해 합리적으로 판단하고 현명하게 행동하려고 노력한다. 그리고 사람들의 이러한 합리적인 판단과 현명한 행동이 보이지 않는 손의 역할을 하여 경제활동이 합리적으로 이루어지게 하므로 국가가 경제에 간섭하지 않고 시장의 원리에 맡겨 놓아도 경제는 저절로 이루어지게 된다. 앞서 설명한 대로 파리바게뜨 빵집 주인이 단팥빵 한 개에 8천원을 받지 않는 것은 국가가 간섭하기 때문이 아니라 그렇게 받으려 할 경우 빵이 팔리지 않아 자신이 망할 것이라는 합리적 판단 때문이다.

결론적으로 시장경제는 사람들이 자신의 이기심을 충족시키기 위해 열심히 노력하는 과정에서 사회 전체의 이익도 증대된다는 생각을 바탕으로 하는 경제 시스템이다.

시장경제 시스템에서도 국가가 경제에 개입하는 이유?

시장경제에서는 국가가 경제에 개입하지 않아도 '수요공급의 원리'에 의한 보이지 않는 손에 의해 가격이 저절로 결정되며, 모든 경제활동의 주체가 개인이므로 국가는 경제에 개입하지 않는다는 것이 원칙이다.

더 읽어 보기

수요의 원리란?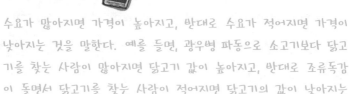

수요가 많아지면 가격이 높아지고, 반대로 수요가 적어지면 가격이 낮아지는 것을 말한다. 예를 들면, 광우병 파동으로 소고기보다 닭고기를 찾는 사람이 많아지면 닭고기 값이 높아지고, 반대로 조류독감이 돌면서 닭고기를 찾는 사람이 적어지면 닭고기의 값이 낮아지는 원리를 말한다.

공급의 원리란?

공급이 많아지면 가격이 낮아지고, 반대로 공급이 적어지면 가격이 높아지는 것을 말한다. 예를 들면, 동네 PC방의 숫자가 지금보다 10배로 늘어나면 PC방 요금이 낮아지지만, 반대로 지금보다 10배로 줄어들면 요금이 높아지는 원리를 말한다.

그러나 국가가 시장을 무시하고 경제에 지나치게 개입하면 예상치 못한 엄청난 부작용이 생기기 쉬운데, 프랑스 대혁명 기간에 일어났던 '우유파동 사건'이 대표적인 사례라 할 수 있다.

프랑스 대혁명 기간 중 파리는 생필품의 가격이 치솟아 국민들의 불만이 커져갔다. 그러자 혁명 지도자로 프랑스를 통치했던 로베스피에르는 우유 가격을 올리는 상인은 사형을 시키겠다고 공언했다. 그 결과 우유 값이 떨어졌고 그의 정책은 성공하는 것처럼 보였다. 하지만 우유 값이 크게 떨어지자 농민들이 젖소 키우기를 포기하면서 우유의 공급량이 많이 줄어들었고, 우유는 암시장에서 높은 가격을 주어야만 겨우 구할 수 있는 고가품이 되고 말았다. 결론적으로 시민들을 위해 우유가격을 낮추도록 한 로베스피에르의 의도와 달리, 얼마 안 가서 우유 값은 오히려 이전과 비교도 할 수 없을 만큼 치솟게 된 것이었다.

이처럼 국가가 시장을 무시하고 경제에 무리한 개입을 하면 의도와 다르게 엄청난 부작용이 생길 수 있다. 하지만, 시장도 만능이 아니며 늘 완전하게 작동되는 것은 아니다. 1929년 경제공황을 통해 시장이 만능이 아니라는 것이 입증되면서 모든 것을 시장에 맡겨야 한다는 주장은 설득력을 잃었다. 그래서 오늘날은 거의 모든 나라가 경제에 개입하고 있다.

그럼 국가가 경제에 개입하는 이유는 무엇일까?

첫째, 독점기업의 횡포를 방지하기 위해서다.

만약 전국에 있는 빵집이 모두 문을 닫아서 파리바게뜨 하나만 남게 되었다고 가정해보자!

파리바게뜨 주인이 빵 맛을 맛있게 하려고 밤을 새우며 노력할 필요가 있을까? 아마도 경쟁 상대가 없어진 파리바게뜨 주인은 더 이상 그런 노력을 하지 않을 것이다. 왜냐하면, 빵 맛을 맛있게 하려고 더 노력하지 않아도 빵은 팔릴 수밖에 없기 때문이다.

파리바게뜨 주인이 효율적인 운영으로 빵값을 낮추려고 노력할 필요가 있을까? 아마도 그럴 가능성은 아주 희박할 것이다.

생일 케이크 가격을 2배로 올린다고 해도 생일을 맞은 사람들은 어쩔 수 없이 파리바게뜨에서 생일 케이크를 살 수밖에 없기 때문이다.

그런데 이런 독점기업의 횡포가 빵에 관련된 문제라면 심각성이 덜하다. 왜냐하면, 빵은 최악의 경우 사먹지 않으면 그만이지만, 그것이 빵이 아니라 '전기·수도' 같은 생활필수품인 경우는 심각한 문제가 발생하게 된다.

예를 들어 전기사업이 하나의 기업에 의해 독점되었다고 가정해보라! 전기를 독점한 그 기업이 전기요금을 갑자기 100% 인상하는 경우 사람들은 항의하고 반발하겠지만, 만약 그 회사에서 다음과 같이 말한다면 어떻게 될까?

우리 회사의 전기요금 인상이 과도하다고 생각되시는 소비자께서는 우리 회사의 전기사용을 중단하시기 바랍니다. 죄송합니다.

독점기업이 이런 횡포를 부린다면 소비자는 대응할 방법이 없다. 왜냐하면, 전기를 사용하지 않고 살 수는 없기 때문이다.

그래서 우리나라의 전기사업은 개인기업에 맡기지 않고 국가가 '한국전력공사'라는 기업을 설립하여 직접 운영하는 것이다.

둘째, 중소기업을 보호하기 위해 국가가 경제에 개입하는 것이다.

시장경제는 모든 개인이 자유롭게 경쟁함으로써 더 나은 발전을 하게 된다는 생각을 바탕으로 한다. 하지만, 시장에서 이루어지는 모든 경쟁이 늘 공정하게만 이루어지는 것이 아니라는데 문제가 있다.

만약 초등학교 6학년생과 최홍만을 링 위에 올려놓고 경기를 하게 한다면 이것이 공정한 경쟁일까? 그런데 국가가 개입하지 않으면 시장에서 이런 식의 경쟁이 생길 수 있다.

예를 들어, 삼성이 전국을 상대로 PC방 체인사업을 한다면 어떻게 될까? 아마도 동네 PC방 대부분이 망하게 될 것이다. 수업 시간에 이렇게 설명을 하면 이런 질문과 답변이 오고 간다.

질문 : 삼성 같은 대기업이 창피하게 PC방 사업을 할까요?

답변 : 롯데나 홈플러스 같은 대기업들이 지금 동네슈퍼를 체인점으로 차리고 있는데 삼성이 PC방을 못할 이유가 있을까? 그리고 기업은 수익을 내는 것이 목표이기 때문에 수익성이 있다고 판단되면 어떤 사업이든 하고 싶겠지?

질문 : 삼성이 PC방 사업을 한다고 해서 동네 PC방이 모두 망할까요?

답변 : 물론 모두 망하는 것은 아니겠지. 하지만 삼성이 동네 PC방과 경쟁을 한다면 누가 이길 가능성이 많을까? 당연히 삼성이지. 예를 들어 삼성이 전국에 5천개의 PC방을 체인점으로 차린다면, 삼성은 PC방 운영에 필요한 컴퓨터, 커피, 음료수 등을 대량구입할 수 있으므로 동네 PC방보다 훨씬 더 싸게 구입하겠지? 그러니까 동네 PC방보다 요금을 더 적게 받아도 손해가

나지 않을 수 있겠지? 게다가 삼성 PC방은 전국에 5천개나 되니까 TV광고를 할 수도 있겠지만… 동네 PC방은 그렇게 광고를 할 수도 없으니까…….

질문 : 그럼 지금 삼성 같은 대기업들이 PC방 사업을 하지 않는 것은 국가가 개입해서 막고 있기 때문인가요?

답변 : 당근이지. 국가에서 삼성 같은 대기업이 할 수 있는 사업을 제한시켜 놓았기 때문에 그런 거지.

셋째, 공공의 이익을 실현하기 위해서다.

생산된 물자를 운반하려면 고속도로가 필요하다. 하지만 사람들이 고속도로 건설비용을 내려고 할까?

기계를 돌리려면 전기가 필요하므로 전봇대를 설치해야 한다. 하지만 사람들이 전봇대 설치비용을 내려고 할까?

환경오염을 방지하려면 막대한 비용이 필요하다. 하지만 사람들이 환경오염 방지를 위한 비용을 내려고 할까?

사람들은 자기 혼자만 이용하는 것에 대해서는 비용을 지불하지만 모두가 이용하는 것에 대해서는 비용을 지불하려고 하지 않는다. 그래서 모두가 이용하는 고속도로, 전봇대, 환경오염 방지시설을 만들기 위해 국가가 경제에 개입하는 것이다.

국가이익과 정의가 충돌하는 경우

☆ 국가이익이 정의보다 우선될 수밖에 없는가?

인도네시아는 350년 동안 네덜란드의 식민통치를 받았다. 네덜란드의 식민통치를 받는 동안 인도네시아의 학교에는 운동장이 거의 없었다. 인도네시아 청소년들이 넓은 운동장에서 뛰어놀면서 호연지기(浩然之氣, 거침없이 넓고 큰 기개)를 키우게 되면 독립을 위한 저항심이 생길 것이라는 점 때문에 학교에 운동장을 만들지 않는 것이 네덜란드의 방침이었다. 뿐만 아니라 인도네시아인들이 외부 세계와 접촉하는 것을 차단하기 위해 인도네시아인들의 해외여행과 유학을 철저히 막았다. 인도네시아는 네덜란드의 이런 식민통치에 끝까지 저항했고 마침내 1949년 독립을 쟁취했다.

그런 인도네시아가 1975년 포르투갈로부터의 독립을 앞두고 있던 동티모르섬을 식민지로 만들려고 군대를 파견했다. 동티모르섬에 파견된 인도네시아 정부군은 남녀노소 가리지 않고 눈에 보이는 대로 총을 쏘고 칼로 찔러댔다. 그래서 동티모르섬의 전체 인구 중 30%인 20만명을 학살했다. 그때 인도네시아에 파견되었던 미국중앙정보국 요원 필립 리크티는 당시의 상황에 대해 미국 국회에서 다음과 같이 증언을 했었다.

인도네시아 군인들이 사람들을 학교에 몰아넣고 불을 지르고 밖으로 빠져나오려는 사람들에게 총격을 가해 대부분의 사람이 학교 안에서 산채로 불타 죽었다. 그리고 사람들을 들판에 몰아넣고 기관총을 쏘기도 했으며, 어린 아이들을 닥치는 대로 칼로 찔렀다. 그래서 동티모르섬 전체가 순식간에 거대한 공동묘지로 변했다.

그런데 아이러니한 것은 동티모르인 학살을 명령한 인도네시아 정부의 고위층 인사들이 과거에 인도네시아의 독립과 자유를 위해 싸웠던 독립투사들이었다는 사실이다.

과거에 인도네시아의 독립과 자유를 위해 싸웠던 이들이 작은 섬 동티모르를 차지하려고 이렇게 대량학살까지 서슴지 않았던 이유는 무엇일까? 그것은 동티모르의 바다 속에 매장된 엄청난 양의 석유 때문이었다. 그들이 과거에 추구했던 자유와 정의가 국가이익 앞에서는 아무 망설임 없이 포기된 것이었다.

그리고 미국과 영국은 동티모르에서의 이 대량학살에 대해 아무런 비난조차 하지 않고 묵인했을 뿐 아니라 인도네시아 정부군에게 막대한 양의 무기를 판매하기까지 했다. 왜냐하면, 동티모르섬의 앞바다에 묻혀 있는 석유 개발 사업에 미국의 석유회사들이 참여하고 있었기 때문이다. 미국의 입장에서 볼 때 동티모르인 20만명의 생명보다는 미국경제를 주도하는 석유회사들의 사업이 더 중요했던 것이다.

중남미에 있는 작은 나라 엘살바도르에 공포정치가 행해지던 1980년에 미국은 엘살바도르의 독재 정권을 지원하고 있었고, 엘살바도르 국민에게 존경과 사랑을 받던 신부인 로메로 대주교는 매주 1회씩 라디오 방송을 통해 독재정권과 이를 지원하는 미국을 용감하게 비판하고 있었다.

1980년 3월 산살바도르 대성당에서 미사를 집전하던 그는 미사에 참석한 신도들, 그리고 자신을 감시하려고 성당에 와있는 군인들을 향해 이렇게 설교했다.

저는 자주 죽음의 위협을 느꼈습니다. 그러나 그들이 저를 죽일 때 저는 엘살바도르 사람들의 가슴속에 다시 살아날 것입니다. 제가 흘린 피는 자유의 씨앗이 되고 희망이 곧 실현되리라는 신호가 될 것입니다. 형제들이여 여러분 각자가 모두 우리입니다. 우리는 동족입니다. 여러분이 죽이는 노동자 농민은 여러분의 형제자매입니다. 때리라는 명령을 들을 때 하나님의 말씀을 생각하십시오! '때리지 마라' 어떤 군인도 하나님의 말씀을 어기면서 명령을 따를 필요는 없습니다. 하나님의 이름과 비탄의 소리가 하늘을 찌르는 억눌린 백성의 이름으로 간청합니다! 호소합니다! 명령합니다! 억압을 중단하십시오.

이렇게 설교를 마친 그는 미사를 계속하던 중 저격병이 쏜 총에 맞아 죽음을 당했고, 그의 죽음은 엘살바도르 국민을 충격과 슬픔에 잠기게 했다. 물론 그를 암살한 주체는 엘살바도르 정보기관이었지만, 당시 엘살바도르 정보기관의 핵심장교들은 대부분 미국 국방부가 운용하는 아메리칸 군사학교(SOA)에서 훈련을 받은 인물들이었다.

아메리칸 군사학교는 미국의 조지아 주 포트 베닝에 있는 악명 높은 훈련기관으로, 중남미 군대의 장교와 경찰들을 대상으로 군사훈련을 시켜왔다. 중남미 국가의 독재자들, 그리고 중남미 국가에서 인권탄압을 행한 군인과 경찰 중 대부분이 이 학교 졸업생이라는 공통점을 갖고 있다. 1996년 미 국방부는 세계 인권단체들의 압력에 굴복하여 이 학교에서 사용된 스페인어 훈련 교본을 공개했는데 교본에는 학살, 고문, 약탈, 체포 기술을 가르치는 내용이 담겨 있었다.

그 후 미국의 인권단체들과 시민단체들이 연합하여 미국정부를 상대로 아메리칸 군사학교의 폐교를 요구하고 있지만, 미국정부는 중남미에서 미국의 영향력을 확보하려면 중남미 국가의 군대와 경찰을 대상으로 한 이 훈련 프로그램이 그대로 유지되어야 한다는 입장을 고수하고 있다. 이러한 미국정부의 입장을 간단히 요약하면 국가이익의 실현과 정의의 실현은 별개라는 것이다.

19세기 중반에 영국은 매년 중국으로부터 막대한 양의 차를 수입하고 있었다. 영국인들이 홍차 맛에 길들여졌기 때문이다. 하지만, 영국이 중국에 수출하는 상품은 거의 없어서 영국과 중국 사이에 일시적이긴 했지만 무역 불균형 상태가 있었다. 그래서 영국은 중국에 수출할 수 있는 상품을 개발하려고 고민했고 그 결론은 바로 마약이었다. 물론 당시에는 오늘날과 달리 대부분의 나라에서 마약이 법으로 금지되지 않았었다.

영국은 자신의 식민지인 인도의 벵골 지방 농민들에게 마약을 재배하게 하고서 그것을 중국으로 수출하기 시작했는데, 인도 벵골 지방에서 생산된 마약이 가격과 품질에 있어서 중국에서 생산된 마약보다 월등한 경쟁력을 갖추고 있던 탓에 순식간에 중국인들의 인기를 끌게 되었고, 그로 인해 중국에 대한 마약 수출은 영국이 기대했던 것보다 훨씬 더 큰 이익을 남겨주게 되었다. 더구나 마약은 중독성이 강하고 시간이 지날수록 더 많은 양을 필요로 하는 특성이 있기 때문에 영국의 마약 수출량은 해가 갈수록 폭발적으로 늘어나기 시작했다. 영국으로서는 마약만큼 큰 이익을 남겨주는 상품이 없기 때문에 중국에 대한 주요 수출 상품이 되어 버린 것이다.

하지만, 중국은 마약으로 인해 국가경제가 파탄될 만큼 심각한 상황이 되었고 사회적으로도 큰 문제가 발생하였다. 이전까지 중국은 영국에 차를 수출하면서 무역을 통해 어느 정도의 이익을 보았었는데 이제는 거꾸로 영국으로부터 수입하는 상품의 총액이 영국에 수출하는 상품의 총액보다 무려 '8배'가 되었기 때문이다. 그리고 마약을 하는 계층이 왕족, 관리뿐만 아니라 서민층에게까지 확대되면서 전국적으로 마약 중독자의 숫자가 무려 500만명을 넘어서게 되자 사회적으로도 심각한 문제를 발생시켰다. 마약 중독으로 폐인이 되는 사람이 속출했고, 마약 살 돈을 마련하기 위한 절도와 강도 등의 범죄가 폭발적으로 늘어나서 사회적 불안감이 커지기 시작하였다. 그래서 중국정부는 마약의 수입을 금지했지만 거의 지켜지지 않았다. 마약을 파는 상인들에게

관리들이 뇌물을 받고 눈을 감아주는 식의 부정부패가 만연했고, 더구나 관리 자신도 마약 중독인 경우가 많아서 마약의 밀수입을 막는 것이 거의 불가능했기 때문이다.

이런 상황 속에 중국 정부가 임칙서(林則徐)를 특명대신으로 임명하여 광저우에 파견하였다. 임칙서는 마약 판매상들의 뇌물을 거부하고 마약의 밀수입을 엄격히 단속하였는데, 마약 2만 상자를 숨기고 있던 영국 상선이 그에게 발각되는 사건이 발생했다. 그는 영국 상선에 숨겨져 있던 마약 2만 상자를 압수하여 모두 바닷물에 버리는 단호한 조치를 취했다. 그리고 임칙서의 이런 조치가 영국에 보고되자 영국은 중국에 대한 마약수출을 계속하기 위해 중국과 전쟁을 벌이게 되었다. 이것이 인류 역사상 가장 추악한 전쟁이라 불리는 '아편전쟁'이다.

영국과 중국은 2년간 치열한 전쟁을 계속했고 마침내 영국의 승리로 끝났다. 그리고 영국은 승리의 대가로 중국과 난징조약을 맺어서 홍콩을 빼앗았고, 600만 달러의 보상금을 받아냈으며, 5개 항구를 강제로 개방시켜서 이전보다 영국의 상품이 중국에 더 많이 팔리는 구조를 만들었다.

1840년 영국의회는 중국을 상대로 전쟁할 것인지에 대해 격렬한 토론이 벌어졌다. 외무부 장관인 파머스턴은 이렇게 주장했다. "마약은 술보다 덜 해롭다. 그리고 타인의 것을 함부로 빼앗고도 반성할 줄 모르는 중국인의 도덕성을 회복시켜 주기 위해서라도 군대를 파견해야 한다." 워터루 전투의 영웅 웰링턴 장군은 이렇게 주장했다. "50년 공직생활을 하는 동안 영국 국기가 광동에서 당한 것과 같은 모욕을 본 적이 없다. 영국의 명예를 위해 군대를 파견해야 한다."

전쟁반대 입장이었던 글레스턴 의원은 영국의원들을 상대로 이렇게 멋진 연설을 했다.

중국은 마약을 금지할 정당한 권리가 있습니다. 그들은 마약의 무서움을 알고 있으니까요. 하지만, 우리의 외무장관은 정당한 권리마저 짓밟으며 이 부정한 무역을 정당화하고 있습니다. 세상에 이렇게 부정하고 치욕적인 일이 될 수 있는 전쟁을 들어 본 적도 없습니다. 우리가 광동에 나부끼는 영국국기를 볼 때마다 벅찬 감격을 느꼈던 것은 그것이 정의의 상징이고 압제에 대한 저항, 그리고 공정한 경제활동을 격려하기 때문입니다. 그러나 지금은 고귀하신 파머스턴 장관님의 후원 아래 영국국기가 부끄러운 밀무역을 보호하기 위해 중국 연안에 나부끼고 있습니다. 위풍당당한 영국국기를 볼 때마다 느꼈던 벅찬 감동을 앞으로 다시는 느낄 수 없게 된 것을 생각하면 전율스러울 따름입니다.

글레스턴의 이 멋진 연설이 끝나고 영국의회는 투표를 했다. 결과는 전쟁찬성 271표, 전쟁반대 262표라는 9표 차이로 중국과의 전쟁을 선포하였다.

영국의회가 국가이익을 위해 정의를 포기하겠다고 선언한 것이었다.

남북전쟁은 노예해방을 위한 전쟁인가?

위인전에 나온 링컨과 노예해방 이야기

　1809년 켄터키 주에서 가난한 목수의 아들로 태어난 링컨은 어머니가 읽어주는 성경을 통해 이웃을 사랑하는 것이 얼마나 소중한 것인지를 배웠어요. 그리고 링컨의 어머니가 병으로 돌아가시고 난 뒤에 링컨의 새어머니가 된 사라는 책을 좋아하는 링컨에게 늘 책을 빌려다 주었기 때문에 어린 링컨은 책을 통해 많은 지식을 얻을 수 있었죠. 가족을 위해 언제나 열심히 일하는 아버지와 새어머니의 사랑으로 훌륭히 커가던 링컨은 어느 날 아버지를 따라 시장에 갔다가 충격을 받았어요. 흑인 노예들이 돼지처럼 쇠사슬에 묶여서 팔리는 장면을 보게 된 것이지요. 어린 링컨은 그 불쌍한 흑인 노예들을 보면서 마음속으로 굳은 결심을 하게 되었답니다. 열심히 공부해서 훌륭한 정치인이 되면 저 불쌍한 흑인 노예들을 해방시켜 주겠다는 결심을 하게 된 것이지요. 그리고 나중에 링컨은 미국의 대통령이 되어 어릴 적 가졌던 꿈대로 불쌍한 흑인 노예들을 해방시켜 주었답니다.

위의 이야기는 링컨을 소재로 쓰인 어린이용 위인전에 등장하는 내용이다. 링컨은 지금까지 흑인 노예를 해방시킨 따뜻한 마음을 가진 대통령으로만 알려졌고, 그가 일으킨 남북전쟁은 흑인 노예의 해방을 위한 성스러운 전쟁으로 인식되었다. 그리고 링컨을 지나치게 미화시키다 보니 남북전쟁이 끝난 뒤에도 흑인 노예들의 생활은 이전과 전혀 달라진 것이 없었다는 사실, 그리고 흑인이 백인과 평등한 대우를 받기까지 무려 100년이 넘게 걸렸다는 사실들이 파묻히게 되었다.

링컨이 노예해방을 하지 않았다면 남북전쟁이 일어나지 않았을까?

언젠가 수업시간에 학생들과 이런 질문과 대답이 오고 간 적이 있었다.

질문 : 만약 링컨이 대통령으로 당선되지 않았다면 남북전쟁이 일어나지 않았을까?

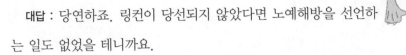

대답 : 당연하죠. 링컨이 당선되지 않았다면 노예해방을 선언하는 일도 없었을 테니까요.

질문 : 그럼 링컨이 대통령이 되고 나서 노예해방에 관심을 갖지 않았다면 어떻게 되었을까?

대답 : 그 경우에도 당연히 남북전쟁은 일어나지 않았겠죠.

대부분의 사람은 미국의 북부와 남부가 전쟁을 벌였던 원인이 흑인 노예해방 때문으로 알고 있다. 즉 흑인 노예해방을 지지하는 북부, 그리고 흑인 노예해방을 반대하는 남부가 벌인 전쟁으로만 알고 있는 것이다. 그런데 실제는 그렇지 않다. 북부와 남부가 전쟁을 벌이게 된 근본적인 이유는 미국의 무역정책에 대해

'보호무역'과 '자유무역' 둘 중 어느 것을 선택할 것이냐를 두고 격렬한 대립을 했기 때문이다.

당시 북부는 공업을 중심으로 산업이 발전하고 있었다. 하지만 산업발전이 막 이루어지기 시작한 초기단계였기 때문에 일찍 산업화에 성공한 영국에게 경쟁상대가 되지 못했다. 그래서 북부는 영국의 공업제품이 미국시장에 들어오지 못하도록 막아주는 보호무역을 원하고 있었다.

하지만 남부는 면화를 중심으로 농업이 발달했고 넓은 땅에서 농사를 짓는 장점 덕택에 영국의 농산물보다 가격과 질에 있어서 이미 충분한 경쟁력을 갖추고 있었기 때문에 영국과 자유무역을 하길 원했다. 자유무역을 하면 남부는 더 많은 농산물을 영국에 수출해서 더 큰 이익을 볼 수 있었기 때문이다.

그런데 미국의 연방 정부가 북부의 공업을 보호하기 위해 영국과 보호무역을 하기로 결정하면서 남부가 격렬히 반발하기 시작했었다. 결론적으로 말한다면 북부와 남부는 노예해방과 관계없이 이미 분리냐 혹은 전쟁이냐를 두고 긴장감이 생겨나고 있었던 것이다.

그리고 학생들에게 다음과 같은 몇 가지의 질문을 더 해보았다.

질문 : 북부가 노예제도의 폐지를 원했던 것은 무엇 때문일까?

대답 : 북부는 공업이 발달한 지역이니까 흑인 노예가 필요하지 않았기 때문이겠죠.

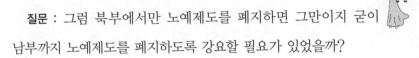

질문 : 그럼 북부에서만 노예제도를 폐지하면 그만이지 굳이 남부까지 노예제도를 폐지하도록 강요할 필요가 있었을까?

대답 : 그것은 아마도 흑인 노예들이 불쌍했기 때문이겠죠.

질문 : 북부 사람들이 흑인 노예가 불쌍해서 노예제도를 폐지하려 했다면 적어도 북부에서는 흑인에 대한 인종차별이 없었을 텐데, 실제로는 북부에서도 흑인에 대한 인종차별이 계속되었던 이유가 뭐지?

대답 : 글쎄요…….

링컨 말고도 그 당시 북부의 공장주들은 대부분 노예제도의 폐지를 강력히 원하고 있었다. 북부의 공장주들이 노예제도의 폐지를 강력히 원했던 이유는 흑인 노예들이 불쌍해서가 아니라 자신들의 이익을 위해서였다. 노예제도가 폐지되면 흑인 노예들이 노동자가 될 것이고, 그렇게 되면 노동자의 숫자가 엄청나게 증가하면서 인건비가 훨씬 더 싸질 수 있었기 때문이다.

마지막으로 학생들에게 다음과 같은 또 하나의 중요한 질문을 하였다.

질문 : 북부도 노예제도의 폐지를 주장할 것이 아니라 남부처럼 흑인 노예들을 데려다가 공장에서 일을 시키면 자신들에게 더 이익이 되지 않았을까?

대답 : 그러네요… 북부도 남부처럼 흑인 노예들을 데려다가 일을 시키면 노동자보다 더 싸게 부려 먹을 수 있었겠네요…….

그런데 실제는 그렇지 않았다. 북부의 공장주들은 먹여주고 재워주어야 하는 흑인 노예들을 데려다가 일을 시키는 것보다 값싼 노동자를 고용하는 것이 돈이 덜 들었다. 그리고 당시 북부의 노동자들은 남부의 흑인 노예보다 먹고사는 것이 더 힘들고 형편 없었다.

링컨이 노예해방을 선언한 근본적인 목적은 무엇 때문이었는가?

링컨이 대통령으로 당선되자 남부의 주들이 동요하기 시작했다. 링컨은 대통령 선거에 출마하면서 북부의 공장지역에서 표를 얻기 위해 노예제도 폐지에 지지입장을 선언했었기 때문이다. 남부의 주들이 연방에서 탈퇴할 움직임을 보이기 시작하자 링컨은 노예제도 폐지에 대해 각 주들의 선택에 맡기겠다고 정책선언을 했다. 다시 말해 노예제도를 폐지할 것인지 혹은 그대로 유지할 것인지를 각 주정부에 맡기겠다고 선언한 것이다. 뿐만 아니라 각 주들이 노예제도를 유지할 수 있는 권리를 헌법을 통해 보장하겠다는 약속까지 하였다.

링컨의 최대 관심사는 흑인 노예의 해방이 아니라 남부의 탈퇴를 막아서 연방을 유지하려는 것이었으며, 연방의 유지를 위해서라면 노예제도를 영원히 유지할 의사도 있었던 것이다. 그의

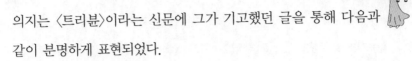

의지는 〈트리뷴〉이라는 신문에 그가 기고했던 글을 통해 다음과 같이 분명하게 표현되었다.

이 투쟁에서 나의 최고의 목표는 연방을 구하는 것이지, 노예 제도를 존속시키거나 폐지하려는 것이 아닙니다. 만약 노예를 해방하지 않고 연방을 구할 수 있다면 그렇게 하겠습니다. 만약 모든 노예를 해방함으로써 연방을 구할 수 있다면 그렇게 하겠습니다. 또한 일부를 해방하고, 일부의 노예를 남겨둠으로써 연방을 구할 수 있다면 그렇게 하겠습니다.

링컨의 이러한 설득에도 남부가 연방을 탈퇴하자 링컨은 마침내 남부를 상대로 전쟁을 벌이게 되었다. 그런데 이 전쟁의 목적은 노예해방을 위한 전쟁이 아니라 남부의 탈퇴를 무력으로 저지시켜서 연방을 유지하려는 것이었다. 그래서 남북전쟁이 시작되고서도 흑인 노예는 해방되지 않았으며 링컨은 이에 대한 관심마저 두지 않았었다.

남북전쟁이 시작된 뒤 초기에는 남군이 우세했다. 남군에는 육군사관학교를 수석으로 졸업한 명장 리장군이 총사령관으로 있으면서 탁월한 전략을 펼쳤기 때문이다. 하지만, 시간이 지나면서 남군과 북군 사이에 팽팽한 균형이 이루어지기 시작했다. 북군에도 그랜트라는 명장이 등장했고 또 공장지역이었던 북군의 무기가 남군의 무기보다 성능 면에서 더 우세했기 때문이었다. 이제 남북전쟁이 장기적인 전쟁으로 갈지도 모른다는 우려감이 생겨나기 시작했다. 그때 링컨의 참모들이 그에게 파격적이고 획기적인 전략을 건의하였는데 그것은 바로 흑인 노예의 해방선언이었다.

링컨의 참모들이 그에게 흑인 노예의 해방선언을 건의한 이유는 두 가지의 군사적 전략 차원이었다.

첫째, 흑인 노예해방 선언을 하면 남부의 흑인들이 북부로 도망치려 할 것이고 그렇게 되면 남부의 경제가 혼란 상태에 빠질 것이라 예상했기 때문이었다. 당시 남부의 전체 인구가 900만명이었는데 그 중 300만명이 흑인 노예였고 이들이 남부지역 생산

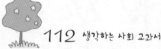

의 주체이므로 흑인 노예의 동요는 곧바로 남부지역 경제에 엄청난 타격을 주기 때문이었다.

둘째, 북부로 도망친 흑인 노예들을 북군에 편입시키면 북군의 병력을 쉽게 늘릴 수 있기 때문이었다.

그래서 링컨은 서둘러 흑인 노예해방 선언을 했고, 그의 참모들이 예상했던 효과가 곧바로 나타나면서 남북전쟁은 북군의 승리로 끝나게 되었다. 이런 이유로, 흑인 노예해방 선언은 휴머니즘 차원이 아니라 군사전략적 차원에서 이루어진 것이 분명하다고 평가할 수 있다.

남군의 명장 리장군 이야기

남군의 총사령관이었던 리장군은 육군사관학교의 수석 졸업생이었고 명장으로 소문난 스타였다. 그래서 남북전쟁이 일어나기 전 링컨은 그에게 북군의 총사령관직을 제안했으나 자신의 고향인 버지니아 주가 연방으로부터 탈퇴를 결정하자 고향 사람들에게 총을 겨눌 수 없다는 이유로 남부로 간다.

남군의 총사령관을 맡은 리장군은 탁월한 전략으로 전쟁 초기에 남군을 승리로 이끌었으나 남군이 전쟁물자와 병력의 숫자에 있어서 북군보다 절대적으로 열세였기 때문에 이 상태로 전쟁을 계속하면 결국 남군의 희생자만 늘어날 뿐이라는 판단을 하고 곧바로 북군에 항복하였다. 당시의 분위기는 그 누구도 리장군이 그렇게 빨리 항복할 것이라고 생각하지 못했다. 그러나 리장군은 참모 몇 명만을 데리고 아무런 예고도 없이 북군의 사령부에 가서 항복했다.

항복을 하고 돌아온 리장군은 그의 부하들에게 다음과 같은 연설을 했다.

여러분, 우리는 모두 이 전쟁에서 용감하게 싸웠습니다. 그러나 우리는 이 전쟁에서 패했습니다. 나는 항복을 하였습니다. 우리는 나름대로 최선을 다하였습니다. 이제 모두 가족들이 기다리는 집으로 돌아가십시오.

그 당시 리장군의 빠른 항복으로 남군 병사들의 희생을 줄인 것은 물론이고 북군 병사들의 희생도 줄일 수 있었다. 오늘날에도 리장군이 미국인의 존경을 받는 것은 자신의 명예와 체면보다 부하들의 희생을 줄이기 위해 빠르게 판단하고 실행에 옮긴 결단력 때문이다.

☆ 북군의 명장 그랜트장군 이야기

남북전쟁은 북군의 총사령관 그랜트장군과 남군의 총사령관 리장군의 항복 조인식을 통해 막을 내렸다. 그런데 이 항복 조인식을 그린 그림을 보면 누가 승장(勝將)이고 패장(敗將)인지를 알

아보기가 힘들다. 리장군은 회색 장군 정복을 입고 장군도를 멋있게 찼는데, 그랜트장군은 진흙이 묻은 군화에 구겨진 사병 군복을 대충 입고 있기 때문이었다.

마침내 리장군이 항복문서에 서명하자 북군의 병사들은 열광했다. 포병은 대포를 쏘아댔고 병사들은 모자를 하늘로 던지며 환호성을 질러댔다. 그런데 그랜트장군이 북군의 이런 행동을 즉각 중지시켰다. 그는 북군의 이런 행동을 중시시킨 이유에 대해 이렇게 말했다. "전쟁은 끝났다. 이제 이들은 반란군이 아니라 우리 국민이 되었다."

항복을 하러 온 리장군이 이날 이렇게 멋있는 복장을 하고 온 이유는 항복 서명식이 끝나고 나면 남군의 최고 사령관인 자신은 총살을 당할지도 모른다고 생각했기 때문이었다. 그래서 남군 총사령관으로서 떳떳한 죽음을 맞이하려고 했던 것이다. 그런데 그랜트장군은 남군을 포로로 잡지 않고 모두 집으로 편히 돌아가게 했을 뿐 아니라 굶주린 남군을 위해 2만 5천명분의 식량까지 제공해 주었다.

그랜트장군의 이러한 관대함이 북군과 남군 사이에 생겼던 증오심을 없애주었고 북부와 남부지역 간의 화합을 이루어내는데 결정적인 영향을 주게 되었다.

독도문제에
대하여

⭐ 독도를 두고 한일 양국이 치열하게 싸우는 이유

독도의 땅값은 한국의 공식적인 땅값을 기준으로 하면 평당 '5,000원'으로 독도 전체 땅값을 계산해봐야 '2억 7천만원'밖에 되지 않는다. 그런데 왜 한국과 일본 양국이 고작 2억 7천만원밖에 안 되는 이 작은 섬 독도를 두고 수십 년째 치열하게 신경전을 펼치고 있을까?

그것은 독도가 가진 잠재적인 경제가치가 수천 조를 넘을 만큼 엄청난 액수이기 때문이며, 독도의 경제적 가치는 다음의 세 가지로 요약할 수 있다.

첫째, 독도는 다양한 물고기를 풍부하게 잡을 수 있는 황금

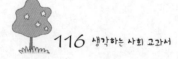

어장이다. 독도는 북쪽에서 내려오는 한류와 남쪽에서 올라오는 난류가 만나는 지점이어서, 물고기들의 먹이가 되는 플랑크톤이 풍부하여 다양한 물고기들이 많이 모여들기 때문에, 우리 어민들의 수입을 올려주는 황금어장이다. 현재 우리나라 시장에서 판매되는 오징어의 60%가 독도 부근에서 잡은 것임을 생각하면 독도가 얼마나 황금어장인지를 알 수 있다.

둘째, 독도 주변 해역에 막대한 천연 가스자원이 묻혀 있다. 독도 주변 해역에는 '하이드레이트'라는 고체 천연가스가 대략 6억 톤이 묻혀 있을 것으로 추정되는데, 이것은 우리나라가 30년

간 사용할 수 있는 엄청난 양이며 돈으로 계산하면 1,500억 달러가 된다.

셋째, 독도에는 석유보다 훨씬 비싼 물인 '해양심층수'가 있다. 해양심층수는 수심 200m 이상 깊은 바닷물로 미네랄 등 무기물이 풍부하게 함유되어 있고 병원균이 거의 없는 깨끗한 물이어서 생수로 주목받고 있을 뿐 아니라 화장품의 원료로도 주목받고 있다. 해양심층수는 수심이 깊고 움직임이 적은 안정된 바다에 있는 물인데 독도 인근 해역이 이런 조건을 갖추고 있어서 독도 해양심층수의 가치는 돈으로 환산하는 것이 불가능할 정도로 엄청나다.

독도가 자국의 영토라고 주장하는 '일본의 논리 Vs 한국의 논리'

우리는 지금까지 독도가 우리 영토라는 주장의 근거만을 학생들에게 가르쳤고, 또 대부분의 사람이 일본의 주장과 근거에 대해서는 들으려고도 하지 않는 경향이 있었다. 그런데 일본의 주장에 대해 제대로 반박을 할 수 있으려면 당연히 일본의 주장과 근거에 대해 알아야 한다. 그리고 어떤 논쟁에 있어서든 일방적으로 자기주장만을 반복해서 되풀이하는 것으로는 제3자인 다른 사람들의 공감과 지지를 얻어낼 수 없다는 점에서 진지하게 재검토할 필요가 있다. 독도가 일본 영토라는 일본의 주장은 대체로 다음과 같이 요약할 수 있다.

　첫째, 독도는 450년 동안 사람이 거주하지 않은 무인도였기 때문에 주인이 없는 상태였으며, 따라서 무주물선점(無主物先占)의 원칙, 즉 주인이 없는 땅은 먼저 발견한 나라의 영토로 인정한다는 국제법의 원칙상 1905년 독도를 일본의 영토로 편입시킨 일본의 조치는 합법적이라는 것이다. 간단히 말하면 독도는 일본이 조선에게 빼앗은 것이 아니라 국제법상 정당하게 얻은 땅이라는 논리다.

둘째, 1905년에 독도가 일본의 영토로 정식 편입이 이루어지기 전까지 수백 년 동안 일본의 어부들이 독도해역에서 어업에 종사해왔기 때문에 독도는 실질적으로 일본의 영토라는 논리다.

셋째, 제2차 세계대전이 끝나고 연합국과 일본 사이에 맺어진 샌프란시스코 협정에 다음과 같은 조항이 있다. "일본은 한국의 독립을 인정하고, 제주도, 거문도 그리고 울릉도를 포함하는 한국에 대한 모든 권리를 포기한다". 그런데 일본은 이 조항에 대한 해석에 있어서, 이 세 섬은 한국 영토의 가장 바깥쪽에 있는 외곽선을 표시하는 섬들이며, 따라서 이 외곽선의 바깥쪽에 있는 섬인 독도는 일본이 반환해야 할 영토에서 제외된 것이라고 해석한다.

그리고 한국의 논리는 대체로 다음과 같이 요약할 수 있다.

첫째, 독도는 울릉도와 더불어 우산국을 형성하였는데 신라 지증왕 때 우산국이 신라에 귀순하여 신라의 영토가 되었고, 고려시대에는 행정 구역에 편입시켜 백성을 이주시키는 정책을 폈었다. 그리고 조선의 숙종 때는 울릉도와 독도 해역에서 일본어민들이 많아지자 안용복이 일본으로 건너가 울릉도와 독도가 조선의 영토임을 확인받고 일본 어부들의 고기잡이를 금지하였다.

둘째, 일본이 1905년 시마네 현 고시 40호를 통해 독도를 일본의 영토로 편입했다는 것은 거꾸로 보면 1905년 이전까지 독도는 일본의 영토가 아니라 조선의 영토였다는 것을 입증하는 것으로 해석해야 한다.

셋째, 조선의 공도정책은 조선정부가 섬들을 포기했던 것이 아니라 일본의 해적들로부터 섬 주민들을 보호하고 동시에 일본 해적들이 조선의 해안지방까지 노략질하러 오는 것을 막기 위한 정책이었으므로 조선이 울릉도와 독도를 실질적으로 지배해 온 것으로 보아야 한다.

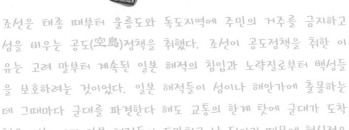

조선의 공도정책

조선은 태종 때부터 울릉도와 독도지역에 주민의 거주를 금지하고 섬을 비우는 공도(空島)정책을 취했다. 조선이 공도정책을 취한 이유는 고려 말부터 계속된 일본 해적의 침입과 노략질로부터 백성들을 보호하려는 것이었다. 일본 해적들이 섬이나 해안가에 출몰하는데 그때마다 군대를 파견한다 해도 교통의 한계 탓에 군대가 도착했을 때는 이미 일본 해적들이 도망치고 난 뒤이기 때문에 현실적으로 섬의 주민들을 보호하는 데 한계가 있었던 것이다. 그래서 육지로부터 멀리 떨어진 섬의 주민들을 육지로 불러들이고 주변의 섬을 비워 두게 되었는데 사람이 살지 않으면 훔쳐 갈 것이 없으므로 일본 해적이 출몰할 이유 자체가 없어지게 되는 효과가 있었기 때문이다.

이러한 공도정책은 조선뿐만 아니라 동아시아의 강국으로 등장한 명나라도 시행한 정책이었다. 명은 강국이었지만 교통의 한계 때문에 해안지방에 출몰하는 일본 해적들을 소탕하는 데 한계가 있을 수밖에 없었으므로 섬에 사는 백성들을 보호하고 해안방어를 위해 육지로부터 멀리 떨어진 섬들에 대해 공도정책을 취했다.

넷째, 샌프란시스코 협상에서 일본의 영토반환에 대한 조항에 대해 다음과 같이 해석되어야 한다.

조약상에서 반환될 섬들을 모두 적을 수는 없기 때문에 일본이 빼앗았던 모든 권리를 포기하는 것이라고 봐야 하므로 이전에 한국의 영토였던 독도는 당연히 한국의 영토다. 그리고 울릉도를 반환해야 한다면 울릉도에 딸린 섬인 독도도 당연히 반환해야 한다.

☆ 독도문제를 국제사법재판소로 가져가는 것이 현명한가?

몇 년 전 일본총리가 독도는 일본 영토라는 내용의 발언을 했었다. 이 발언이 언론을 통해 보도된 이후 인터넷의 게시판마다 다음과 같은 내용의 글들로 도배된 적이 있었다.

일본이 다시는 이런 헛소리를 하지 못하도록 이번 기회에 일본과 국제사법재판소에 가서 독도문제에 대해 결론을 내자!

독도가 우리 땅이라는 역사적 증거가 수없이 많은데 우리가 왜 참아야 하는가?

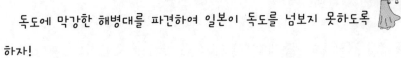

독도에 막강한 해병대를 파견하여 일본이 독도를 넘보지 못하도록 하자!

그런데 독도문제에 대해 인터넷에 올라온 주장들이 과연 우리에게 도움이 되는지를 냉철하게 생각할 필요가 있다. 특히 다음의 네 가지 사항에 대해 다시 한 번 생각해 보아야 한다.

첫째, 독도문제를 우리가 굳이 국제사법재판소에 가져갈 필요가 있는가?

독도는 1950년대 초부터 지금까지 이미 우리가 차지하고 있다. 그러므로 우리가 독도문제를 국제사법재판소에 가져가서 재판에 이긴다고 해도 지금과 비교할 때 특별한 이익이 없다. 하지만, 재판에 진다면 독도를 일본에 반환해야 한다. 간단히 말해서 지게 되면 모든 것을 잃지만 이긴다고 해도 별다른 이익이 없는 재판을 굳이 할 필요가 있겠는지 생각해 볼 일이다.

둘째, 독도문제를 국제사법재판소에 가져간다면 우리가 재판에 이길 것이 확실한가?

인터넷 네티즌들은 독도가 우리 땅이라는 역사적 증거가 수없이 많으므로 재판을 하게 되면 반드시 우리가 이긴다고 확신하지만, 재판의 결과는 누가 이길지 장담할 수 없다. 왜냐하면 독도가 우리 땅이라는 역사적 증거가 많은 것이 사실이기는 하지만, 반대로 일본도 마찬가지로 그런 역사적 증거들을 갖고 있기 때문에 국제사법재판소에서 역사적 증거는 단지 참고 자료로만 활용

될 뿐, 결정적인 영향을 미치지는 못하기 때문이다.

셋째, 1950년대 초부터 일본은 한국에 대해 독도문제를 국제사법재판소에 가서 해결하자고 줄기차게 요구했었고 우리 정부는 50년이 넘도록 이 요구에 응하지 않아 왔다. 그런데 일본이 단독으로라도 국제사법재판소에 독도문제를 가져가지 않고 지금까지 기다려온 이유가 무엇일까?

그것은 국제사법재판소에서 재판이 열리려면 일본과 한국 두 나라의 합의가 있어야만 가능하기 때문이다. 즉 일본이 아무리 국제사법재판소에서 재판을 통해 결론을 내자고 해도 한국이 합의하지 않으면 재판이 열릴 수 없다. 그러므로 일본은 기다린 것이 아니라 재판을 할 수 없었던 것이다. 그리고 일본이 독도문제에 대해 계속적인 도발을 하는 이유도 독도를 국제사회에 영토분쟁지역으로 알려지게 함으로써 한국이 국제사법재판소에 가지 않을 수 없는 국제적 여론을 일으키기 위한 것이라 볼 수 있다.

넷째, 국제사법재판소의 재판에서 판결에 가장 큰 영향을 미치는 요소가 무엇인가?

국제사법재판소의 판결에 가장 큰 영향을 미치는 요소가 무엇인지를 알려면 싱가포르와 말레이시아 간에 있었던 '페드라 브랑카'섬의 재판을 살펴볼 필요가 있다. 싱가포르와 말레이시아는 1980년부터 28년 동안 이 작은 섬의 영유권을 놓고 분쟁을 거듭해왔다. 싱가포르는 19세기 말에 조흐르 지역의 통치자인 술탄이 이 섬을 자신들에게 넘겨주었기 때문에 싱가포르의 영토라고 주장했고, 말레이시아는 조흐르 지역이 말레이시아 연방에 포함되어 있었기 때문에 이 섬은 말레이시아의 영토라고 반박했었다. 그리고 두 나라 모두 자신의 승리를 장담했기에 국제사법재판소에 가서 재판을 했다.

이 재판에서 국제사법재판소는 두 가지 요소를 중시했었다. 현재 이 섬에서 거주하는 주민들의 국적이 어디인지? 그리고 정부 발간물에서 이 섬에 대한 영유권이 기록되어 있는지? 재판 당시에 페드라 브랑카에 거주하는 주민들은 싱가포르인이었고 싱가포르는 정부 발간물에 이 섬의 등대를 자국 소속 등대 목록에 포함하고 있었지만, 말레이시아 정부 발간물의 등대 목록에는 이 섬이 빠져 있었기 때문에 재판의 승리는 싱가포르에게 돌아갔다.

그러면 독도문제에 대해 우리는 어떻게 대응하는 것이 현명한 것일까?

이미 독도는 우리가 차지하고 있는 영토이며 일본이 국제사법재판소에 아무리 가자고 해도 우리가 응하지 않으면 재판은 불가능하다. 그러므로 독도가 국제사회에서 영토 분쟁 지역으로 크게 부각이 되지 않도록 하는 방식으로 대응하면서 실질적 점유의 기간을 최대한 늘리는 것이 우리에게 유리하지 않을까?

경제가
만드는 사회

우리가 경제를 배우는 목적은 무엇일까?

⭐ 우리가 배우는 경제이론은 의심할 수 없는 절대적 진리인가?

경제를 배우다 보면 때때로 무슨 의미인지 이해하기 어려운 '독과점' '환율' '관세' 등의 용어들이 있다. 그리고 때로는 실제 현실과 전혀 상관없는 내용의 학습을 하는 느낌이 들기도 한다. 그럼에도, 우리는 경제시간에 배운 경제이론을 무조건 암기하려 하고 또 그런 이론들이 언제 어디서나 옳기만 한 절대 진리인 것으로 착각하는 경우도 있다. 하지만, 경제이론은 우리가 경제 현상들을 이해하는데 도움을 주는 여러 가지 논리적인 설명 중의 하나일 뿐, 결코 절대적 진리가 아니다. 만약 우리가 배우는 경제 이론이 절대적 진리라면 경제학자들이 TV에서 똑같은 주제를 놓고도 서로 격렬하게 논쟁하는 모습이 발생될 수 없지 않을까?

우리가 배우는 경제이론이 절대적 진리인지에 대해 다시 한 번 생각해 보게 하는 사례가 있다.

1920년대 미국의 경제는 최고의 호황기를 누리고 있었다. 주식가격은 몇 년째 끝없이 뛰었고 여기저기에서 주식으로 큰돈을 번 사람들의 이야기가 생겨났다.

1929년 9월, 미국이 낳은 최고의 경제학자로 불렸던 예일대학 경제학과 교수인 어빙 피셔는 미국의 경제가 계속 성장할 것이며 주식시장의 미래가 앞으로도 밝다는 전망을 발표했고 백만 장자였던 자신도 주식시장에 모든 재산을 투자했다. 현대 경제학의 한 줄기를 형성할 만큼 뛰어난 업적을 이루어낸 어빙 피셔의 전망을 의심할 사람은 그 어디에도 없었다.

1929년 9월, 미국에 이민 온 아일랜드 농부출신 조셉 케네디(미국 대통령 존 F. 케네디의 아버지)는 뉴욕의 한 거리에서 구두를 닦다가 구두닦이 소년에게서 자기도 주식을 사서 돈을 벌었다는 이야기를 듣고는 사무실에 돌아가서 이런 생각을 한다. '구두 닦는 꼬마까지도 주식을 사는 정도라면 주식시장이 이미 비정상적 상태가 된 것이 아닐까?' 그리고서 자신이 갖고 있던 주식 대부분을 팔았다.

1929년 10월, 미국 경제에 대공황이 오면서 뉴욕의 주식시장은 주식폭락으로 혼란에 빠졌고 거리에는 실업자가 넘쳐나기 시

작했다. 어빙 피셔의 전망이 완전히 빗나갔던 것이다. 그런데 더
놀라운 사실은 미국의 경제학자 대다수가 어빙 피셔와 똑같은
전망을 하고 있었다는 것이다.

　복잡하고 심오한 경제이론을 근거로 했던 경제학자들의 예상
과 판단은 완전히 빗나갔지만, 아일랜드 농부 출신 조셉 케네디
의 단순한 상식과 직관이 시장변화를 더 정확하게 예측했다는
사실은 우리가 배우는 경제이론이 결코 절대 진리일 수 없다는
것을 말해준다.

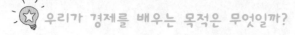

우리가 경제를 배우는 목적은 무엇일까?

이 질문에 대한 학생들의 대답은 대체로 비슷하다.

경제의 중요성을 배움으로써 올바른 소비습관을 익히는 것이죠.

말을 어렵게 해서 그럴듯하게 보이지만 별로 설득력이 없는 대답이다. 결론인즉 '돈을 함부로 쓰지 않는 습관'을 기른다는 것인데 그런 습관은 굳이 어려운 경제를 배우지 않아도 충분히 기를 수 있지 않을까? 지은이의 할머니는 학교 문턱에도 가보지 못하셨지만, 집안 살림은 물론이고 큰 식당까지 운영하시면서 소비와 지출을 아주 슬기롭게 잘 해내셨었다.

또 어떤 학생은 이런 대답을 하기도 한다.

시장경제에 대한 이해를 통해 반 기업적인 사회정서를 바꾸는 데 있죠.

이 대답도 그다지 설득력이 있어 보이지 않는다. 물론 시장경제에 대한 이해를 넓히는 것은 중요하다. 그리고 경제교육을 통해 반 기업적인 사회정서를 바꾸는 것도 의미 있는 일이다. 하지만 반 기업정서를 바꾸는 역할에 있어서 주체는 경제교육이 아니라 기업들 자신이 되어야 한다고 본다면, 반 기업적인 정서를 바꾸는 것을 경제교육의 목표로 삼는다는 것은 무리가 있지 않을까?

그럼 우리가 경제를 배우는 목적은 무엇일까?

1981년 노벨 경제학 수상자인 토빈은 경제학습의 목표를 이렇게 정의 내렸다.

　사람들은 일생동안 생계를 위해 일하는 생산자, 소비자, 그리고 유권자로서 수많은 판단과 의사결정을 하게 되는데, 이때 사람들은 경제적으로 올바른 정보뿐만 아니라 잘못된 정보와도 수없이 마주치게 된다. 그러므로 올바른 판단을 위해 이런 정보들의 유용성을 비판적으로 바라볼 수 있는 능력이 필요하며, 이런 능력을 키워주기 위해 필요한 것이 경제학습이다.

　약 10년 전에 대통령 선거에 출마했던 한 후보자가 선거공약을 하면서 경제 분야에서 이런 공약을 내걸었다.

서민들의 세금부담을 줄이기 위해 소득세를 폐지하고 간접세의 비율을 늘리겠습니다.

이 공약은 중산층과 서민의 세금부담을 줄이기 위한 것이라고 하지만 경제에 대한 기초적인 지식만 있어도 얼마나 모순된 공약인지를 곧바로 판단할 수 있다.

직접세인 소득세의 경우에는 소득이 높을수록 더 많은 세금을 내고 소득이 낮을수록 더 적게 낸다. 그래서 소득이 높은 재벌회장은 매월 수십억의 세금을 내지만 소득이 낮은 직장인은 매월 몇만원의 세금만을 내며, 소득이 아주 낮은 경우는 세금을 전혀 안 내기도 한다.

하지만, 간접세인 부가세의 경우는 전혀 다르다. 그런데 부가세가 무엇인지 모르는 학생들이 있으리라 생각된다.

부가세란 우리가 사는 모든 물건에 부과되는 세금을 말한다. 즉 우리가 슈퍼마켓에서 900원짜리 코카콜라 한 병을 사서 마실 때 그 콜라가격에는 이미 90원의 부가세가 포함되어 있고, 또 우리가 3만원짜리 피자 한 판을 주문해서 먹을 때도 이미 그 피자 가격에 3천원의 부가세가 포함된 것이다. 즉 우리는 코카콜라 한 병을 사 마실 때 90원, 그리고 피자 한 판을 주문해서 먹을 때 3천원의 세금을 납부하는 것이다. 그런데 간접세인 부가세의 문제점은 재산이나 소득과 관계없이 누구나 똑같은 세금을 낸다는 것이다. 즉 콜라와 피자 값은 누구에게나 똑같은 가격으로 판매되기 때문에, 결국 재벌회장이든 가난한 노숙자이든 상관없이 똑같은 세금을 내는 것이다.

결론적으로 그 후보의 공약대로 소득세를 폐지한다면 매월 수십억씩 세금을 내던 재벌회장은 이제부터 단 한 푼도 내지 않게 되어서 신나겠지만, 그렇게 해서 줄어든 세금부족을 메우기 위해 부가세가 이전보다 오를 수밖에 없어서 물가를 인상시키게 되므로 서민들의 생활은 더 어려워질 수밖에 없게 되고, 소득에 상관없이 누구나 똑같은 세금을 내게 함으로써 빈부격차를 더 커지도록 만드는 것이 된다.

그래서 우리가 경제를 배우는 목적은 토빈이 말한 대로 우리가 살아가는 동안 수없이 접하게 될 경제에 관련된 수많은 정보에 대해 올바른 판단능력을 갖추기 위한 것이다.

조세정의(組稅正義)의 실현

조세란 무엇인가?

조세란 국가를 운영하는 데 필요한 비용을 마련하기 위해 국가가 법률에 의거해서 국민에게 강제로 거두어들이는 세금을 말한다. 조세는 세금을 부과시키는 주체가 누구인지에 의해 국세와 지방세로 나누어진다. 국세는 정부가 세금을 부과하며 지방세는 지방 자치단체가 세금을 부과한다. 그리고 납세자(세금을 내야 할 의무를 가진 사람)와 담세자(세금을 실질적으로 부담하는 사람)가 같은 경우는 직접세라고 하며 소득세가 이에 해당된다. 또한, 납세자와 담세자가 다른 경우는 간접세라고 하는데 부가세가 이에 해당된다.

예를 들어 우리의 아빠들은 직장에서 월급을 타면 소득세를 내는데 세금을 납부해야 할 의무도 아빠에게 있고 또 세금이 실제로 나오는 곳도 바로 아빠 지갑이다. 그래서 소득세는 직접세라고 말한다.

또한, 우리가 소비하는 모든 물건에는 이미 세금이 포함되어 있다. 우리가 콜라 한 병을 마시고 지불한 콜라 값에는 90원의 부가세가, 그리고 피자 한 판을 먹고 지불한 피자 값에는 3천원의 부가세가 이미 포함되어 있다. 그리고 우리가 지불한 부가세는 콜라 회사와 피자집 주인이 우리를 대신하여 국가에 납부한

소주 부가세

나도 세금 낸다구 왜 이래!!!

다. 말하자면 부가세를 납부해야 할 의무는 콜라 회사와 피자집 주인이지만 이 부가세를 실제로 부담하는 것은 소비자다. 그래서 부가세는 간접세라고 말하는 것이다.

조세정의란 무엇인가?

조세정의란 세금을 공평하게 걷음으로써 정의로운 징수가 이루어지는 것을 말하는데, 세금을 어떤 방식으로 걷는 것이 공평하고 정의로운 것인지에 대해서는 두 가지 의견이 있다.

첫째, 평균적 정의이다. 이것은 모든 사람에게 똑같은 금액의 세금을 징수하는 것이 공평하고 정의롭다는 것이다.

둘째, 분배적 정의이다. 이것은 각 개인의 재산과 소득의 차이에 따라서, 즉 재산이 많고 소득이 높은 사람에게는 높은 세금을, 그리고 재산이 적고 소득이 낮은 사람에게는 낮은 세금을 징수하는 것이 정의롭다는 것이다.

현재 우리나라는 조세정책에 있어서 분배적 정의를 선택하고 있다. 그래서 소득세를 징수하는 방식에 누진세를 적용하고 있다. 누진세란 능력에 따른 부담을 원칙으로 하기 때문에 소득이 높을수록 세율도 높게 적용하여 세금을 징수하는 방식이다. 예를 들어 월 소득이 150만원인 사람은 4%의 세금을 징수하지만, 월 소득이 1,000만원인 사람은 30%의 세금을 징수하는 것이다.

하지만, 우리나라의 전체적인 조세정책은 분배적 정의와 멀다는 비판이 제기되고 있다. 그 이유는 우리나라 조세수입에서 차지하는 비중을 볼 때, 직접세보다 간접세의 비중이 지나치게 높기 때문이다. 직접세는 개인의 재산과 소득에 따라 세율이 적용되기 때문에 소득 재분배의 효과가 있지만, 간접세는 누구에게나 똑같은 세율이 적용되기 때문에 소득 재분배의 효과가 없다.

예를 들어 직접세인 소득세의 경우에는 소득이 높을수록 더 많은 세금을 내지만, 간접세인 부가세의 경우에는 그렇지 않기 때문이다. 콜라에 포함된 부가세는 재벌회장이든 가난한 노숙자든 상관없이 똑같은 세금을 낸다. 그리고 자동차를 살 때 내게 되는 소비세도 마찬가지다. 수천억대의 부자와 평범한 서민이 자동차를 살 때 똑같은 세금을 내게 된다. 그런데 복지국가를 실현시키고 있는 선진국에서는 국가의 조세수입 중 직접세의 비중이 간접세보다 월등히 높지만, 빈부격차가 심한 저개발국에서는 간접세의 비중이 직접세보다 월등히 높다는 차이점을 갖고 있다.

광해군의 조세정의 시도와 인조반정

조선시대의 조세제도는 오늘날의 분배적 정의와 완전히 반대되는 제도였다. 즉 소득이 높을수록 세금을 적게 내고 소득이 낮을수록 오히려 세금을 많이 내는 제도였던 것이다. 조선의 조세제도가 이렇게 역 누진세의 구조가 되었던 이유는 넓은 땅을 소유하고 농업소득이 높은 양반들에게 세금의 의무가 면제되었기 때문이었다. 그래서 광해군 이전의 왕들이 이 구조를 개혁하려고 했으나 조선의 지배계층이었던 양반들의 반발을 두려워하여 포기하였던 것이다. 그런데 임진왜란으로 국토의 절반 이상이 황폐한 땅이 되어 농민들이 극심한 빈곤상태에 빠진 탓에 세금을 걷는 것이 어려워진 광해군은 조세제도의 개혁을 시도했다.

1608년에 집권한 광해군은 대동법을 전격적으로 시행하였다. 대동법의 핵심은 과세기준의 변화에 있었다. 이전까지는 가호수(家戶數)를 기준으로 부과했기 때문에 토지소유의 정도와 관계없이 잘살든 못살든 똑같은 세금을 내야 했다. 그러나 대동법의 시행으로 말미암아 토지 소유 정도에 따라 차등과세가 이루어지게 되면서 이전까지 단 한 푼의 세금도 내지 않았던 당시 조선의 양반들이 갑자기 엄청난 세금을 내게 된 것이었다. 소득이 높을수록 더 많은 세금을 내는 것이 오늘날에는 당연한 것으로 여겨지지만 단 한 푼의 세금도 내지 않았던 조선의 양반층에게 광해군의 대동법 시행은 그야말로 마른하늘의 날벼락이었던 것이다.

이런 경우를 생각해보라! 월 5천만원의 수입을 올리면서 단 한 푼의 세금도 내지 않고 잘 살다가, 대통령이 바뀌면서 갑자기 월 2천만원의 세금을 내게 된다면 그 대통령에 대해 어떤 심정이 들까? 평생 단 한 푼의 세금도 내지 않고 잘 살다가 갑자기 광해

군의 대동법 시행으로 엄청난 세금을 내게 되었던 조선의 양반
들은 어떤 심정이었을까? 그래서 조선의 양반들은 광해군에 대
해 반감을 갖게 되었고 이심전심으로 광해군 타도에 대한 공감대
가 형성된 것이다. 결론적으로 광해군을 몰아낸 인조반정의 본
질은 광해군의 대동법에 불만을 품은 당시 조선양반들의 조세저
항이었던 것이다.

지구상에 있는 123개국의 나라 중 상속세가 없는 나라는 71개국이고, 상속세가 있는 나머지 나라들 52개국의 최고세율은 평균 21%이다. 그런데 현재 우리나라의 상속세 최고세율은 50%이다. 그래서 한국도 상속세를 폐지해야 한다는 주장이 일부에서 생겨나고 있다. 그들은 1990년대 과도한 상속세 때문에 부유층 사람들이 국적을 옮겼던 스웨덴의 사례를 제시하며 한국도 부(富)의 해외유출을 막으려면 상속세 폐지를 검토해야 한다고 말하고 있다.

그런데 상속세 유지를 주장하는 사람들은 상속세를 폐지하게 되면 부의 세습이 이루어지게 되며 그렇게 될 경우 빈부격차가 지금보다 훨씬 더 심각해진다는 점을 들어 반대하고 있다. 반면에 상속세 폐지를 주장하는 사람들은 두 가지 점을 들어 찬성하고 있다.

첫째, 사람은 자신이 이루어 놓은 것을 자식들에게 물려주고 싶어 하며 이것은 자식에 대한 자연 발생적인 애정으로부터 생겨난 것이기 때문에 국가가 막을 권리가 없다는 것이다.

둘째, 현재 자식들에게 주택구입이나 유학을 위한 자금을 물려주는 행위들에 대해 현실적으로 상속세는 물론이고 증여세 부과도 이루어지지 않는다. 그래서 결과적으로 현금화가 가능한 재산을 가진 사람들은 대부분 상속세를 피해 나가는데, 현금화되

기 어려운 재산을 가졌거나 아무런 대비 없이 갑작스럽게 사망한
사람들만 상속세를 내는 실정이어서 형평성에 맞지 않는다는 것
이다.

금리와 환율이란 무엇인가?

금리란 무엇인가?

　금리에는 예금금리와 대출금리라는 두 가지 종류가 있다. 예금금리란 내가 은행에 돈을 빌려주고 그 대가로 은행으로부터 받는 이자를 말한다. 대출금리란 반대로 내가 은행으로부터 돈을 빌리고 그 대가로 은행에 내가 지급하는 이자를 말한다. 그런데 이 두 가지 금리에 있어서 예금금리보다 대출금리가 늘 높을 수밖에 없다. 예를 들어 예금금리가 3%면 대출금리는 7%가 되는 것이다.

　그런데 예금금리보다 대출금리가 늘 높을 수밖에 없는 이유는 무엇일까?

그 이유는 간단하다. 은행은 예금금리와 대출금리의 차액으로 수익을 얻는 기업이기 때문이다. 즉 예금금리는 3%인데 대출금리는 7%이므로 그 차액인 4%가 은행의 수익이 되는 것이다.

적정금리란 무엇인가?

금리의 변동에는 금리인상과 금리인하의 두 가지 종류가 있다. 금리인상이란 일반적으로 예금금리가 높아지는 것을 말하는데 예금금리가 높아지게 되면 대출금리도 자연적으로 높아지게

된다. 금리인하란 반대로 예금금리가 낮아지는 것을 말하는데 예금금리가 낮아지게 되면 대출금리도 자연적으로 낮아지게 된다.

그런데 금리변동은 사람들의 생활에 미치는 영향이 크고 또 직접적이다. 예를 들어 금리인상이 되면 은행에 10억을 예금한 사람은 이전보다 더 많은 이자를 받아서 이익이 되지만, 반대로 은행에서 10억을 대출한 사람은 이전보다 더 많은 이자를 갚아야 하므로 손해가 된다.

그럼 은행은 금리인상과 금리인하 중 어느 쪽이 더 유리할까?

은행의 경우는 금리인상 혹은 금리인하 중 어느 쪽이 되어도 별로 상관이 없다. 왜냐하면, 은행은 예금금리와 대출금리의 차액을 수익으로 하는데 예금금리가 높아지면 대출금리도 높아지고, 또 반대로 예금금리가 낮아지면 대출금리도 낮아지므로, 어느 경우에도 은행이 얻는 수익은 늘 변하지 않고 일정하기 때문이다. 예를 들어 예금금리가 3%에서 4%로 높아지면, 대출금리도 7%에서 8%로 높아지고, 또 반대로 예금금리가 3%에서 2%로 낮아지면, 대출금리도 7%에서 6%로 낮아지므로 은행이 얻는 수익은 늘 변함없이 4%가 유지되는 것이다. 그래서 은행의 수익은 금리변동과 별 상관이 없지만, 앞에서 보았듯이 금리변동이 사람들의 생활에 미치는 영향이 크기 때문에 늘 적정금리를 유지해야 할 필요가 있는 것이다. 그런데 적정금리의 수준이 몇 퍼센트인지에 대한 기준은 정해져 있지 않으며 늘 상황에 따라 달라질 수밖에 없다. 그리고 금리가 늘 적정수준이 되도록 조정하는 역할은 한국은행이 하게 되며, 그 수단이 되는 것이 콜금리(일시적으로 자금이 부족한 은행이 다른 은행으로부터 돈을 빌리고 그 대가로 주는 이자)이다. 콜금리가 변동되면 모든 시중은행의 금리도 콜금리와 같은 방향으로 변동이 일어나게 된다.

금리가 물가, 주식, 부동산에 미치는 영향

금리가 높아지면 사람들은 이전보다 은행에 한 푼이라도 더 저금하려고 하기 때문에 자연히 소비가 줄어든다. 그리고 사람들의 소비가 줄어들면 기업이 장사가 잘 되지 않기 때문에 주식가격이 떨어지게 되며 동시에 부동산 가격도 떨어지게 된다.

반대로 금리가 낮아지면 사람들이 굳이 저금하려 하지 않게 되면서 소비가 늘어난다. 그리고 소비가 늘어나면 기업이 장사가 잘되기 때문에 주식가격이 올라가게 되며 동시에 부동산 가격도 올라가게 된다.

예를 들어 금리가 높아지면 어머니들은 이전보다 더 은행에 저금하려 하기 때문에 자연적으로 자녀들의 용돈을 줄이는 추세가 된다. 그리고 용돈이 줄어든 아이들은 이전에 비해 아이스크림도 덜 사먹게 되고 떡볶이도 덜 사먹게 된다. 그렇게 되면 아이스크림 회사들은 장사가 잘 되지 않아서 수익률이 떨어지기 때문에 아이스크림 회사의 주식가격이 떨어지게 된다. 그리고 떡볶이 가게도 장사가 잘 되지 않아서 떡볶이집의 건물주는 떡볶이집 아줌마에게 임대료를 올리기가 어려워지고 그렇게 되면 부동산 가격도 자연적으로 떨어지게 된다.

그런데 주식, 부동산 가격이 지나치게 떨어지고 있다고 판단되면 한국은행은 금리를 낮추게 된다. 그래서 금리가 낮아지면 이제는 어머니들이 굳이 은행에 저금하려 하지 않게 되면서 자녀들의 용돈이 늘어나는 추세가 된다. 그리고 용돈이 늘어난 아이들은 다시 아이스크림과 떡볶이를 더 많이 사먹게 되는데, 그렇게 되면 아이스크림 회사의 주식가격이 오르게 되고, 떡볶이 가게의 건물주는 떡볶이 아줌마에게 임대료를 올릴 수 있기 때문에 부동산 가격도 오르게 된다.

금리가 환율에 미치는 영향

환율이란 외국 돈을 우리 돈으로 바꾸어 줄 때의 비율을 말한다. 예를 들어 지금 미국 돈 1달러를 우리 돈으로 바꾸면 1,200원을 주는데 이것을 환율이라고 한다. 그런데 환율은 늘 같은 것이 아니라 시시각각으로 변하게 된다. 어떤 때는 환율이 인상(=평가절하)될 때도 있고, 반대로 환율이 인하(=평가절상)될 때도 있다.

더 읽어 보기

평가절하와 평가절상

평가절하와 평가절상은 우리 돈의 가치에 대한 평가를 말한다. 즉 평가절하는 우리 돈의 가치가 떨어지는 것이므로 환율 인상과 같은 의미가 되며, 평가절상은 우리 돈의 가치가 올라가는 것이므로 환율 인하와 같은 의미가 되는 것이다.

환율이 인상되면 수출을 하는 사람들에게 유리해진다. 왜냐하면 미국달러를 우리 돈으로 바꾸어 줄 때의 비율이 높아졌기 때문에, 수출을 하고 나서 대금으로 받은 달러를 우리 돈으로 바꿀 때 더 많은 돈을 받을 수 있기 때문이다.

환율이 인하되면 수입을 하는 사람들에게 유리해진다. 왜냐하면 미국달러를 우리 돈으로 바꾸어 줄 때의 비율이 낮아졌기 때문에, 수입을 하고 나서 대금으로 지불할 달러를 구입할 때 이전보다 더 적은 돈이 들어가기 때문이다.

그런데 환율이 오르거나 내리는 경우 이익을 보는 사람들도 있지만 손해를 보는 사람들도 있기 때문에 환율은 지나치게 인상되어도 좋지 않고, 또 반대로 지나치게 인하되어도 좋지 않으며 늘 적정수준으로 유지되는 것이 바람직하다.

그리고 금리는 환율에도 영향을 미치게 되는데 그 이유는 다음의 두 가지 때문이다.

첫째, 금리가 오르면 사람들이 은행에 예금을 하려 하므로 자기가 갖고 있던 달러들을 우리 돈으로 바꾸게 된다. 그렇게 되면 외환시장에 달러량이 많아지게 되면서 자연적으로 환율이 떨어지게 된다.

둘째, 외화는 국내금리와 해외금리 중 금리가 더 높은 곳으로 이동하기 때문에 금리가 오르면 국내로 외화가 많이 들어오게 되고, 그렇게 되면 자연적으로 환율은 떨어지게 된다.

자유무역과
보호무역의
차이

밀수는 관세를 내지 않기 위한 범죄

세계 어느 나라에서든 국제공항에는 경찰과 세관원이 밀수(국가의 허가 없이 외국에서 물건을 몰래 들여오는 것)를 막기 위해 배치되어 있다. 그런데 무기와 마약은 어느 나라에서든 수입금지 품목이기 때문에 당연히 몰래 들여오려고 밀수를 하겠지만, 다이아몬드와 금 그리고 농산물 같은 경우는 수입금지 품목이 아님에도 불구하고 왜 굳이 몰래 들여오려고 밀수를 하는 사람들이 생겨날까?

그 이유는 관세(외국에서 상품을 수입할 때 그 상품에 부과되는 세금)와 더불어 부과되는 각종 세금을 내지 않기 위해서이며, 어

떤 품목은 이 세금의 비율이 상당히 높기 때문이다. 예를 들어 미국에서 300만원에 판매되는 골프채 1,000개를 수입하면 이에 부과되는 세금이 대략 80%(24억원)인데 이 세금을 내지 않으려고 밀수를 시도하는 사람들이 생겨나는 것이다.

 자유무역과 보호무역의 차이점에 대하여

자유무역은 국가 간 무역을 하는 데 있어서 정부의 간섭과 개입을 최소화하는 무역제도이다. 즉, 국가가 특정 품목에 대해 수입을 제한하거나 혹은 금지하는 규제를 철폐하고, 또 수입되는 물건에 대해 부과시키는 관세 및 특별소비세 등의 세금을 철폐함으로써 국가 간 무역거래가 활발히 이루어지도록 하는 제도이다.

보호무역은 국가 간 무역을 하는 데 있어서 자국의 산업을 보호하려고 정부가 적극적으로 개입하는 무역제도이다. 즉, 국가가 특정품목에 대해 수입을 제한하거나 혹은 금지하고, 또 수입되는 물건에 대해 부과시키는 관세 및 특별소비세 등의 세금비율을 높여서, 수입된 물건의 가격이 자국 내에서 비싼 가격이 되게 함으로써 자국 상품이 경쟁력을 갖추도록 보호하는 것이다.

자유무역은 리카르도의 '비교우위론'을 근거로 한 무역제도로서, 국가가 무역에 있어서 간섭하지 않는 것이 무역을 하는 두 나라 모두에게 이익을 준다는 주장에 근거하고 있다.

더 읽어 보기

리카르도의 비교우위론

리카르도의 비교우위론이 나온 나라는 영국이었다. 19세기 초 프랑스의 나폴레옹이 영국을 고사시키기 위해 유럽의 모든 나라에게 영국과의 무역을 금지하는 '대륙봉쇄령'을 내렸다. 그러자 영국은 곡물가격이 급등했고 그로 인해 영국의 지주들이 큰 이익을 보게 되었다. 그런데 나폴레옹의 몰락으로 대륙봉쇄령이 끝나자 영국의 곡물가격은 다시 내려가기 시작했다. 그러자 영국의 지주들은 의회를 설득하여 곡물법을 만들었는데, 이 법의 핵심은 영국인 지주들을 보호

그러면 리카르도가 말한 '비교우위'란 무엇인가?

비교우위란 어떤 개인이나 국가도 특정한 분야에서는 경쟁자
보다 상대적으로 더 효율적인 분야가 있다는 의미이며, 그의 주
장에 의하면 비교우위가 저절로 생긴다는 것이다.

예를 들어, 가수 이효리는 지은이와 비교할 때 모든 면에서 더
능력이 탁월하다. 그래서 이효리는 노래를 하면 100만원을 벌
수 있고, 붕어빵 장사를 해도 20만원을 벌 수 있다. 하지만 지
은이가 이효리와 경쟁을 하면서 붕어빵 장사를 하면 3만원을 벌
수 있고, 노래를 하면 5천원 밖에 벌 수 없다. 그런데 다행스럽게
도 이효리의 몸이 하나뿐이므로 이효리는 붕어빵 장사를 할 가
능성이 전혀 없다. 그래서 지은이는 붕어빵 장사로서의 능력이
이효리보다 떨어지지만, 이효리 대신 붕어빵 장사를 해서 20만
원을 벌 수 있다. 그러므로 지은이에게도 자연적으로 '붕어빵 장

사'에 비교우위가 생기는 것이다.

보호무역은 리스트의 '사다리 이론'을 근거로 한 무역제도로서, 국가가 자국의 산업을 보호하고 발전시키려면 무역에 적극적으로 간섭하고 개입해야 한다는 주장에 근거하고 있다.

더 읽어 보기

리스트의 사다리 이론

독일의 경제학자 리스트는 자유무역이 산업화에 일찍 성공한 영국에게는 유리하지만 산업화를 뒤늦게 시작한 독일에게는 불리한 제도라고 비판하면서, 독일의 산업을 보호하고 경제발전을 시키려면 보호무역을 해야만 한다고 주장하였다. 그리고 이런 주장을 사다리에 비유하여 다음과 같이 말하였다.

"사다리를 타고 정상에 오른 사람이 그 사다리를 걷어차 버리는 것은 다른 사람들이 그 뒤를 이어 정상에 오를 수 없도록 하는 교활한 행위다. 과거에 보호관세와 규제를 통해 다른 나라들이 감히 경쟁에 나설 수 없을 정도로 산업을 발전시킨 나라가 정작 자신이 딛고 올라온 사다리(보호관세와 규제)를 치워 버리고 다른 나라들에게 자유무역의 장점을 강조하는 것은 거짓이고 위선이다."

무역거래의 장벽이 되는 관세를 철폐하여 국가 간 무역이 활발해지면 거래를 하는 두 나라 모두 비교우위를 갖는 산업이 성장하기 때문에 경제성장을 이룰 수 있으며, 특히 관세가 철폐되면 물건 가격이 내려가기 때문에 두 나라 모두 소비자들이 혜택을 받는다는 것이 자유무역의 핵심적인 주장이었다.

그런데 이 자유무역에 대해 두 가지 비판이 생겨났다.

첫째, 국가분업이 거래하는 두 나라 모두에게 비교우위를 통해 이익이 된다고 하지만 실제로는 국가 간 빈부격차만을 발생시킨다는 것이다.

예를 들어 미국은 자동차만 생산하고 필리핀은 바나나만을 생산하는 분업체제가 되어서 미국은 필리핀에게 자동차를 팔고 필리핀은 미국에게 바나나를 판다면, 상품의 가격 차이로 인해 필리핀은 미국과의 무역을 통해 벌어들이는 이익보다 손해가 더 클 수밖에 없어서 미국과 필리핀의 빈부격차만 더 커지게 될 뿐이라는 것이다.

둘째, 자국의 산업 중 아직 경쟁력이 갖추어지지 못한 분야의 산업을 육성하려면 일정 기간은 국가가 반드시 보호해야 한다는 것이다.

예를 들어 미국의 할리우드는 영화 한 편을 제작하는데 수천억을 투자하지만, 방글라데시에서는 영화 한 편을 제작하는데 몇억도 투자할 수 없어 경쟁력이 약하다면 방글라데시의 영화산업을 보호하기 위해 미국의 할리우드 영화에 대해 규제를 해야 한다는 것이다.

자유무역에 대한 비판을 바탕으로 한 보호무역은 자국산업을 보호하고 육성하는 데 효율적이라는 점 때문에 미국과 영국으로 상징되는 선진 제국주의 국가들에 대해 비판의식이 높았던 남미에서 열렬한 지지를 받아왔었다.

그런데 이 보호무역에 대해 두 가지 비판이 생겨났다.

첫째, 자국산업을 보호하기 위한 보호무역 정책이 결과적으로 국민 전체에게 이익을 주기보다는 특정 분야의 사업자들에게만 혜택을 준다는 것이다.

예를 들어 인도네시아가 자국의 전자산업을 보호하기 위해 외국으로부터 가전제품의 수입을 금지한다면, 인도네시아의 전자회사들은 경쟁자가 없으므로 굳이 기술개발을 할 필요도 없고 가격도 어느 정도 마음대로 올릴 수 있어서 엄청난 혜택이 될 수 있지만, 인도네시아의 소비자들은 낮은 질의 전자제품을 높은 가격에 구입할 수밖에 없다는 것이다.

둘째, 자유무역을 사실상 부정하고 자국 내에서 모든 것을 해결하기 위해 수입품 대체산업을 육성했던 남미 국가들이 예외 없이 후진국으로 전락했다는 것이다.

그러므로 부가가치가 높은 새로운 산업분야에서 비교우위를

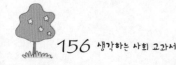

만들어내기 위해 국가가 특정산업을 집중적으로 지원하고 육성하는 전략을 펼치는 것은 바람직하지만, 근본적으로 자유무역을 부정하는 것은 세계적인 경제변화의 추세에 맞지 않으며, 더구나 영토가 작고 자원이 부족한 탓에 수출에 의지하여 살아갈 수밖에 없는 한국은 자유무역을 선택할 수밖에 없는 특수성이 있다.

FTA(Free Trade Agreement)란 무엇인가?

FTA는 자유무역 협정을 의미하는 말이다. 이것은 둘 또는 그 이상의 나라들이 특정품목에 대해서만 서로 관세를 철폐하기로 약정하는 조약이다. 예를 들어 한국과 칠레가 '가전제품, 포도'에 대해서 서로 관세를 철폐하기로 협정을 맺었기 때문에 한국이 칠레에 수출하는 가전제품에는 관세가 부과되지 않는다. 그래서 칠레에 가전제품을 수출할 때 관세가 부과되는 일본보다 상대적인 가격 경쟁력이 생기므로 한국은 이전보다 칠레에 더 많은 가전제품을 수출할 수 있게 된다. 그리고 반대로 칠레가 한국에 수출하는 포도에 관세가 부과되지 않는다. 그러므로 한국에 수입되는 칠레 포도가 상대적으로 이탈리아 포도보다 가격 경쟁력이 생겨서 칠레는 이전보다 한국에 더 많은 포도를 수출할 수 있게 된다. 이것이 바로 한·칠 FTA인 것이다.

그리고 한국과 미국이 '자동차, 쇠고기'에 대해서 서로 관세를 철폐하기로 협정한 것이 한·미 FTA이며, 한·미 FTA가 실행되면 한국은 미국에 더 많은 자동차를 수출하고, 미국은 한국에 더 많은 쇠고기를 수출할 수 있게 된다.

역사가
숨쉬는 사회

동일한 사건,
동일한 인물에 대해서도
역사적 평가가 달라진다

☆ 누구의 시각으로 보느냐에 따라 달라진다

납치한 비행기로 미국의 110층짜리 쌍둥이 빌딩을 무너뜨린 알 카에다의 지도자인 오사마 빈 라덴은 어떤 사람인가요?

학생들에게 이런 질문을 던지면 대체로 다음과 같은 대답을 한다.

많은 사람들의 소중한 생명을 희생시킨 테러리스트이죠······.

자기 나름대로의 목적은 숭고할지 몰라도 수단이 폭력적이기 때문에 결코 정당화될 수 없죠······.

그러면 학생들과 몇 가지 질문과 대답을 더 하게 되는데 2년 동안 거의 예외 없이 다음과 같은 질문과 대답이 주로 이루어졌다.

질문 : 그럼 상해 홍구공원에서 폭탄을 던진 윤봉길의 거사를 계획하고 지휘했던 백범 김구는 어떤 사람인가요?

대답 : 백범 김구는 당연히 독립운동의 영웅이고 애국자이죠.

질문 : 그럼 알 카에다를 지휘한 오사마 빈 라덴과 윤봉길의 거사를 지휘한 백범 김구는 서로 어떤 차이가 있나요? 사람들의 귀한 생명을 빼앗아갔다는 점에서는 두 사람이 똑같지 않나요? 목적이 무엇이었든 수단이 폭력적이었던 것은 똑같지 않나요?

대답 : ???

두 사람의 행위가 본질적으로 별로 차이가 없음에도 오사마 빈 라덴은 테러리스트고 백범 김구는 독립운동의 영웅이라고 말하는 것에 대해 위와 같이 문제제기를 하면 대부분의 학생이 아무런 대답을 하지 못한다.

그런데 오사마 빈 라덴이 지휘한 알 카에다의 활동이, 아랍인들의 시각으로 볼 때 이슬람 세계를 괴롭히는 미국에 대한 응징이라고 본다면, 단지 폭력적인 수단을 썼다는 이유만으로 그를 테러리스트로 비판하는 것은 무리가 있지 않을까?

그럼 오사마 빈 라덴은 정의의 수호신인가? 테러리스트인가?

이 질문에 대한 정답은 처음부터 존재하지 않는다. 왜냐하면 누구의 시각으로 보느냐에 따라 전혀 다른 평가가 나올 수밖에 없기 때문이다.

만약, 아랍인에게 묻는다면 이렇게 대답할 것이다.

이슬람 형제들을 괴롭히는 미국에 대항하는 반미투사다.

만약, 한국인에게 묻는다면 이렇게 대답할 것이다.

목적이 무엇이든 폭력적인 수단을 사용하니까 테러리스트다.

만약, 미국인에게 묻는다면 이렇게 대답할 것이다.

민간인들의 생명까지도 서슴지 않고 죽이는 살인마다.

이렇듯 똑같은 현상, 똑같은 인물에 대해서도 사람들이 처한 각자의 상황과 입장에 따라 전혀 다른 시각으로 바라볼 수 있다. 역사도 마찬가지다.

과거의 역사적 사건들을 바라보는 데 있어서 누구의 시각으로 보느냐에 따라 전혀 다른 평가를 할 수 있다. 그러므로 역사를 누구의 시각으로 보느냐 하는 '사관'의 개념이 중요한 것이다.

'사관'이란 무엇인가?

'사관'이란 말 그대로 '역사를 보는 관점'이란 뜻이다. 고려 말 공민왕으로부터 모든 권력을 위임받아 개혁을 추진하던 중 반란을 일으키려 했다는 이유로 처형당한 신돈의 경우를 예로 들어 보자.

신돈에 대한 평가는 그와 같은 시대를 살았던 사람들에게조차도 누구의 시각으로 보느냐에 따라 완전히 달라진다. 즉, 고려의 농민들과 노비들에게 신돈은 '개혁의 영웅'으로서 무한한 신뢰와 존경을 받았지만, 귀족들에게는 '간사한 중'으로서 증오와 비판의 대상이었다.

그가 한편에서는 개혁의 영웅으로 존경을 받는데 또 다른 한편에서는 간사한 중으로 증오의 대상이 되었던 이유는 무엇일까? 그 이유는 간단하다. 신돈이 '전민변정도감'이라는 기구를 설치하여 추진했던 정책으로 인해 농민들은 빼앗겼던 땅을 되찾고 노비신분에서 풀려나는 엄청난 혜택을 보았지만, 귀족들은 신돈이 추진한 정책으로 인해 엄청난 재산 손실은 물론이고 귀족으로서의 권위마저 잃게 되었기 때문이다.

그러므로 고려 말기에 있었던 신돈의 개혁에 대한 역사를 기록한다면, 역사를 기록하는 사람이 누구의 관점, 즉 농민의 관점과 귀족의 관점 중 누구의 관점을 갖고 역사를 기록하느냐에 따라 신돈에 대한 역사적 평가는 완전히 달라질 수밖에 없다. 그런 점에서 사관은 역사를 기록하고 이해하는데 가장 중요한 요소가 될 수밖에 없다.

사관의 중요성을 이해하는 데 도움이 될 만한 예를 한 가지만 더 들어보자.

언젠가 학생들과 이런 질문과 대답을 한 적이 있었다.

질문 : 경주에 있는 불국사를 보았을 때 어떤 생각이 들었나요?

대답 : 통일신라의 찬란함을 보여주는 자랑스러운 문화재이죠.

질문 : 그럼 불국사를 건립할 당시 신라의 백성들은 어떤 생각을 가졌을까요?

대답 : 그 당시 신라백성들도 같은 생각을 갖지 않았을까요?

질문 : 그럼 이런 경우를 한 번 상상해보죠. 이명박 대통령은 독실한 기독교인이고, 그의 장관들도 모두 독실한 기독교인인데 어느 날 생각해보니 한국에는 세계적으로 자랑할 만큼 화려하고 멋있는 교회가 없었어요. 그래서 다른 나라에 손색이 없을 만큼 화려하고 멋있는 교회를 짓기로 결정했어요.

드디어 서울에 교회 건축을 시작했는데 건축비용이 어마어마하게 들어가면서 세금을 많이 걷게 된 탓에 여러분 아빠가 이전보다 세금을 훨씬 더 많이 내게 되었고, 여러분 집의 생활은 점점 어려워지게 되었어요. 게다가 교회건축을 위해 서울 시민들은 한 집에 한 사람씩 의무적으로 공사장에 나와서 일을 하도록 되었어요. 하지만 아빠는 직장에 나가야 하니까 엄마들이 매일 공사장에서 일하게 되었구요.

그런데 공사 진행이 예정보다 늦어지게 되면서 일의 속도를 높이기 위해 공사장에서 일을 감독하는 서울 시청 직원들이 몽둥이를 들고 다니면서 게으름을 피우거나 일을 못하는 엄마들을 마구 때리기 시작합니다.

그렇게 해서 결국 화려하고 웅장한 교회가 완성되었어요. 그럼 여러분은 이 교회를 바라보면서 어떤 느낌이 들까요? 화려하고 웅장한 교회를 지었다는 것에 대해 기쁘고 자랑스러울까요?

대답 : 아니겠죠! 아마도 당연히 그 교회를 확 부수어 버리고 싶은 생각이 들겠죠…….

질문 : 그런데 만약 지금 상상한 교회처럼 불국사의 건립과정이 본질적으로 별로 다르지 않다고 생각한다면 신라의 백성들도 불국사에 대해 자랑스러움과 뿌듯함보다는 분노를 갖지 않았을까요?

대답 : 그럴 수도 있었겠죠…….

질문 : 그럼 신라의 귀족들은 어떤 느낌을 가졌을까요?

대답 : 글쎄요… 신라의 백성들과 같은 시대를 살았으니까 똑같

은 느낌을 갖지 않았을까요?

그런데 신라의 백성들과 달리 귀족들은 아마도 전혀 다른 느낌을 가졌을 것이다. 그들은 오늘날의 우리처럼 불국사를 볼 때 자랑스러움과 뿌듯함을 느꼈을 것이다. 왜냐하면, 그들은 불국사를 건립하는 기간에 무거운 세금에 시달릴 일도 없었을 것이고 더구나 채찍을 맞으면서 강제노역에 시달릴 일이 전혀 없었기 때문이다.

결국 똑같은 인물, 똑같은 사건에 대해서도 누구의 시각으로 바라보느냐에 따라 달라지듯이 역사도 어떤 사관으로 보느냐에 따라 전혀 달라진다.

이전의 사회 교과서를 보면 콜럼버스가 아메리카 대륙에 도착한 것을 신대륙의 발견으로 기록하고 있다. 일반적으로 신대륙의 발견이라는 의미는 사람이 살지 않은 새로운 대륙을 발견했다는 것이다. 하지만 콜럼버스가 아메리카 대륙에 도착하기 전에 이미 그 땅에는 인디언들이 나름대로 문명을 만들어가며 평화롭게 살고 있었다. 그런데 어떻게 그것이 신대륙의 발견인가? 이것은 수천년간 아메리카 대륙의 주인으로 살아왔던 인디언의 권리를 부정하고, 그들의 영토와 자원을 강제로 빼앗았던 서구 제국주의 국가의 침략을 합리화시키는 '백인 중심'의 사관인 것이다.

결론적으로 역사를 바라보는 데 있어서 누구의 시각으로 보느냐? 즉, 어떤 사관으로 보느냐에 따라 똑같은 인물에 대해서 전

혀 다른 평가가 내려질 수 있고, 또 똑같은 사건에 대해서도 전
혀 다른 평가가 내려질 수 있기 때문에 사관이 중요한 것이다.

삼별초와 팔만대장경을 고려의 민중들은 어떻게 평가했을까?

 고려 무신정권과 삼별초의 탄생

고려는 후백제와 신라를 무너뜨리고 삼한을 통일하기 위해 오랜 세월 동안 전쟁을 해 온 탓에 자연적으로 무신(武臣: 군인)의 힘이 커질 수밖에 없었다. 그런데 건국 이전에는 왕에게 절대적으로 필요했던 무신세력이 건국 이후에는 반대로 왕권을 행사하는 데 있어서 늘 눈치를 봐야 하는 부담스럽고 거추장스런 존재가 되었다.

그래서 건국 초부터 고려정부는 무신의 힘을 약화시키기 위해 문신(文臣) 우대정책을 시행했고, 그 결과 똑같은 관리이면서도 무신은 늘 문신에게 무시와 천대받는 풍조가 생겨났다. 더구나

고려가 장기간 평화의 시기를 맞으면서 무신에 대한 무시와 천대가 더욱 심해져서 무신은 문신의 호위병으로 전락하고 말았다.

특히 고려의 18대 왕인 의종은 문신들과 술을 마시고 잔치를 벌이는 것을 좋아했는데 며칠씩 밤새도록 이어지는 잔치의 호위를 담당하느라 고생했던 무신들의 불만이 하늘을 찌르게 되었고, 당시 최고 권력자였던 문신 김부식의 아들 김돈중이 자기보다 나이도 훨씬 많고 계급도 높았던 대장군 정중부의 수염을 장난삼아 촛불로 태우는 사건이 발생하였다. 이 사건을 계기로 마침내 무신들이 반란을 일으켜 고려정부를 뒤엎고 무신정권을 수립하게 되었다.

그 이후 고려는 100년 동안 무신정권의 통치가 계속되었고 무신정권의 통치자였던 최우가 삼별초라는 특수부대를 창립하게 되었다. 삼별초는 무신정권의 실력자들이 자신들의 신변보호와 민란 진압을 목적으로 만든 특수부대로서 국가가 월급을 지급하지만, 국민의 군대라기보다는 사실상 최씨 정권의 개인 경호부대 성격이 더 강했었다. 말하자면 1980년대 초 광주민주화 항쟁을 무력으로 진압했던 전두환 정권의 '공수부대'와 같은 성격이었던 것이다.

몽골의 침입과 최씨 무신정권의 강화도 피신

몽골의 초원을 통일한 칭기즈칸의 군대는 기마병을 앞세운 막강한 전투력으로 중국 대륙을 정복했고, 서쪽으로는 폴란드, 남쪽으로는 터키와 아랍, 그리고 북쪽으로는 러시아까지 정복하면서 인류 역사상 가장 막강하고 거대한 제국을 건설했었다.

그런데 그 막강한 몽골이 1231년 고려를 침략하게 된다. 당시 고려의 최씨 무신정권은 몽골이 해전에 약하다는 약점을 이용해서 몽골에 대항해 결사항전을 하겠다며 강화도로 정부를 옮기게 된다. 그리고 강화도로 옮겨간 최씨 무신정권은 몽골이 여러 차례 고려를 침략하는 동안 항복하지 않고 강화도에서 버텼다.

이런 최씨 무신정권에 대한 평가는 두 가지로 나눌 수 있다.

첫째는 몽골에게 끝까지 항복하지 않고 저항한 용감한 정권이라는 평가와, 둘째는 저만 살겠다고 백성을 버리고 강화도로 도망친 비겁한 정권이라는 평가다. 그런데 고려 시대 민중들의 입장에서 바라본다면 어떤 평가를 내리게 될까?

이런 평가를 하기 전에 당시의 상황에 대해 좀 더 자세하게 몇 가지를 검토할 필요가 있다.

첫째, 최씨 무신정권이 최정예 부대였던 삼별초를 데리고 강화도로 옮겨간 뒤 고려의 백성들은 어떻게 되었을까? 막강하고 잔인한 몽골군의 침략을 받은 고려의 백성들은 전쟁에서 거의 무방비 상태였기 때문에 몽골군이 휩쓸고 지나간 지역은 모두 잿더미로 변했고, 죽은 백성들의 시체가 들판을 뒤덮었다.

둘째, 강화도로 옮겨간 뒤에도 최씨 무신정권의 사치와 향락은 여전히 계속되었고 이로 인해 백성들은 가혹한 세금 징수에 시달려야만 했다. 강화도로 옮긴 무신정권은 강화도에도 호화로운 궁궐을 새로 지었고 계속해서 사치스러운 잔치를 열었다. 그리고 이를 위해 배를 타고 육지로 가서 고려의 백성들에게 가혹한 세금을 징수했는데 세금 징수에 저항하는 백성들에 대해서는 무신정권의 경호부대였던 삼별초가 무자비한 진압을 해대기도 했었다.

셋째, 최우, 최항, 최의에 이르는 최씨 정권이 몽골과의 화친을 끝까지 거부했던 이유는 몽골과 화친을 하게 될 경우 몽골은 고려 왕실을 대표로 인정할 것이고, 그렇게 되면 최씨 정권이 권력을 잃게 될 것이 뻔했기 때문이었다. 그리고 최씨 정권이 무너지게 되면 최씨 정권의 경호부대로서 특권적 지위를 누려왔던 삼별초의 운명도 어떻게 될지 알 수 없었다.

넷째, 고려의 승려 출신 장군인 김윤후가 천민들과 노비들을 이끌고 적장인 살리타이를 활로 쏘아 죽이며 몽골군을 물리치고, 육지의 백성들이 몽골군과 치열한 항쟁을 벌이는 동안 고려 최고의 정예부대인 삼별초를 데리고 있던 최씨 무신정권은 강화도에서 꼼짝도 하지 않고 구경만 하고 있었다.

삼별초를 고려의 백성들은 어떻게 평가했을까?

마침내 무신정권이 무너지고 고려의 왕실이 몽골에게 항복하기로 결정하면서 개경으로 환도한다는 소식이 알려지자 삼별초의 군인들이 동요하기 시작했다. 그런 가운데 고려의 왕실과 조정대신들이 개경으로 환도했고, 무신정권의 경호부대였던 삼별초를 못마땅히 여겼던 고려 왕실이 삼별초의 해산을 명령하자, 삼별초의 대장이었던 배중손의 주도로 고려왕실과 몽골에 대한 삼별초의 항쟁이 시작되었다. 그리고 시간이 흐르면서 삼별초에 대한 고려 백성들의 인식과 평가도 점점 달라지기 시작했다.

최씨 무신정권에게 충성하며 특권적 지위를 누렸던 삼별초는 국민의 군대라기보다는 사실상 최씨 무신정권의 경호부대 역할만을 수행했었다. 최씨 정권에 반대하는 정치적 라이벌들을 제거하고 가혹한 세금 징수에 저항하는 백성들을 무자비하게 진압하면서 고려 백성들에게 삼별초는 최씨 무신정권의 '충성스런 개'로 불렸었다.

특히 몽골의 침략 앞에 고려 백성들이 무방비 상태로 놓여서 참혹한 죽음을 당하는 상황에서도 강화도로 피난한 최씨 정권은 여전히 사치와 향락을 일삼았고, 그런 최씨 정권의 사치와 향락을 위해 배를 타고 육지로 건너 와서 가혹하게 세금을 징수해가는 삼별초가 백성들에게 어떻게 인식되고 평가되었을지는 굳이 설명이 필요 없을 것이다.

그런데 고려 왕실이 몽골에 항복하면서 상황이 달라지기 시작했다. 무신정권을 누르고 왕권을 다시 찾을 목적으로 몽골에 항복하고 의지하려는 고려 왕실에 대해 백성들이 분노하게 되면서, 몽골과 고려 왕실에 반기를 들고 저항하는 삼별초를 백성들이 지지하게 된 것이다.

그리고 백성들의 지지에 힘을 얻은 삼별초는 노비제도 폐지와 같은 개혁정책을 내세우며 새로운 나라 건설의 비전을 통해 백성들의 적극적인 참여와 호응을 이끌어 내려고 노력했었다. 삼별초가 강화도, 진도, 제주도로 옮겨가며 3년 동안이나 세계 최강대국이었던 몽골군과 고려군의 연합군에 맞서며 버틸 수 있었던 것도 이러한 백성들의 열렬한 지지와 호응 때문이었다고 보인다.

결론적으로 최씨 무신정권의 '충성스런 개'로 백성들에게 원망과 증오의 대상이었던 삼별초가 고려 왕실이 몽골에 항복한 뒤로는 백성들의 지지를 받는 '국민의 군대'로 변신했던 것이다.

팔만대장경을 고려의 백성들은 어떻게 평가했을까?

1232년 몽골의 침략을 받은 고려는 초조대장경이 몽골군에 의해 불타버리자 대장도감이라는 기구를 설치하여 무려 16년에 걸쳐 팔만대장경을 다시 새겼다. 목판에 새겨진 팔만대장경은 현재 합천의 해인사에 보관되어 있으며 유네스코에 의해 세계문화유산으로 등록된 자랑스런 우리의 문화재다.

그런데 팔만대장경이 문화재로서 가치가 위대하고 훌륭하다고 해도 그것을 제작했던 고려 정부의 의도에 대해서는 근본적으로 재검토할 필요가 있다. 왜냐하면, 팔만대장경을 문화재로서만 바라보는 오늘날의 우리 입장과 그것을 제작하느라 더 많은 세금을 내고 고생해야 했던 고려 백성들의 입장은 전혀 다를 수밖에 없기 때문이다.

초등학교 사회 교과서에는 고려가 팔만대장경을 제작한 목적에 대해 이렇게 적고 있다.

고려는 몽골의 침략을 부처님의 힘으로 격퇴시키기 위해 팔만대장경을 제작했다.

한 마디로 너무 어처구니없는 설명이다. 이런 경우를 가정해서 생각해보자!

만약 중국 군대가 한국을 침략했는데 우리 정부가 중국 군대와 싸울 생각은 하지 않고 중국의 침략을 하나님의 힘으로 격퇴하겠다면서 오로지 성경 말씀을 목판에 새기는 작업만 대대적으로 한다면 과연 정부를 신뢰할 수 있겠는가?

앞서 설명한 대로 삼별초라는 최정예 부대를 데리고 있으면서도 몽골군과 싸우지 않고 강화도에서 한 발자국도 움직이지 않는 최씨 정권에 대해 백성들의 비난 여론이 높아졌고, 또 백성들

이 몽골군에게 떼죽음을 당하고 있음에도 강화도에서 여전히 호화롭고 사치한 생활을 하느라 무거운 세금을 거두어가는 최씨 정권에 대해 백성들의 저항과 반발이 커지기 시작하자, 최씨 정권은 불심을 자극하여 민심을 수습하기 위해 팔만대장경의 제작을 시작했던 것이다.

간단히 말하면 최씨 정권에 대한 백성들의 비난과 불만을 잠재우기 위해 대규모 이벤트를 벌였던 것이다. 조금 더 심하게 말하면 육지에서 백성들이 몽골군에게 처참한 죽음을 당하는 동안 강화도에서 최씨 정권이 한가롭고 무기력하게 만들어낸 작품이 바로 팔만대장경이다.

그리고 백성들을 더 분노하게 했던 것은 최씨 정권이 벌이는 이 대규모 이벤트에 막대한 비용이 들어갔기 때문에 굶주린 가난한 백성들에게도 '애국'이라는 구실로 더 가혹하게 세금을 징수했다는 것이다.

결론적으로 팔만대장경이 오늘날의 우리에게는 위대한 문화유산이지만 그것이 제작되었던 시기의 고려 백성들에게는 단순한 정치적 이벤트일 뿐이었다는 사실이다.

사도세자의 죽음은 당쟁의 결과

비극의 주인공 사도세자

조선 역사에서 임금인 아버지에게 죽음을 당한 비운의 세자가 두 사람 있었다. 한 사람은 인조에게 독살당한 소현세자였고, 또 한 사람은 영조에게 뒤주 속에서 죽음을 당한 사도세자였다. 그런데 사도세자를 죽음으로 내몰았던 배후에 그의 장인과 아내가 있었다는 점을 생각하면 그의 죽음은 너무나 비참하고 참혹하기만 했었다.

1762년 사도세자와 적대적 관계였던 조선의 집권세력인 노론은 나경언을 시켜서 사도세자가 역모를 꾸미고 있다고 고발하며 사도세자의 비행 10가지 항목을 적은 상소를 올렸다. 이에 영조는 크게 분노했고 사도세자는 억울하다며 나경언과의 대질심문을 요구했으나 아무런 소용이 없었다.

마침내 영조는 사도세자를 불러 자결을 명했으나 세자가 끝내 자결하지 않자 뒤주 속에 가두어 8일 동안 물 한 모금 마시지 못한 채 신음하다 죽게 했다. 지금도 성균관대학교 입구에는 탕평비라는 것이 있는데 이것은 사도세자가 8살 때 성균관에 입학한 것을 기념해서 세운 비석이다. 그런데 그 비석은 기념비가 아니라 추모비가 되고 말았다.

지금까지 역사는 사도세자의 죽음에 대해 세자가 정신병에 걸려서 세자로서 하지 말아야 할 비행을 계속 저질렀기 때문에 그의 아버지인 영조가 어쩔 수 없이 죽인 것으로 정당화시켜왔다. 그리고 사도세자가 정신병에 걸려 비행을 저질렀다는 것은 사도세자의 부인이었던 혜경궁 홍씨가 쓴 자서전인 〈한중록〉에 다음과 같이 적혀 있다.

　세자는 함부로 궁녀를 죽이고, 여승을 입궁시켜 풍기문란을 했으며, 몰래 왕궁을 빠져나가 평양을 왕래하는 등 난잡하고 이상한 행동을 일삼았다.

　그런데 사도세자의 죽음에 대한 이런 주장들은 굳이 깊이 조사할 필요도 없이 상식적으로만 판단해도 별로 설득력이 없다.

　첫째, 사도세자가 궁중을 빠져나가 3개월간 평양을 다녀온 적이 있었는데 당시 노론은 이것이 사도세자가 역모를 꾸미려 한 증거라고 비난했었다. 하지만 효(孝)가 절대적 가치로 자리 잡았던 조선에서 세자가 반란을 일으켜서 자기 아버지인 왕을 몰아내는 것은 성공하기도 힘들고, 또 설사 일시적으로 성공한다고 해도 모든 백성의 비난을 받을 수밖에 없으므로 안정된 정권을 만들어내기 힘들 것이 뻔한데 왜 사도세자가 그렇게 위험한 짓을 하겠는가? 더구나 세자로서 차기 왕권이 보장된 사도세자가 그렇게 무모한 짓을 할 이유가 있었을까?

　둘째, 사도세자가 정신병에 걸려 수많은 비행을 저질렀다는 것은 그의 부인인 혜경궁 홍씨가 쓴 한중록을 근거로 하고 있는데, 혜경궁 홍씨가 한중록을 쓴 시기와 취지에 대해서 재검토해 볼 필요가 있다. 한중록은 사도세자가 죽음을 당한 지 20년이 넘은 1895년에 쓰인 책이며, 혜경궁 홍씨의 아버지였던 홍봉한이 사도세자의 억울한 죽음을 일으킨 주범으로 비난을 받자, 아버지를 변호하기 위해 썼던 책이다. 아버지 홍봉한을 변호하려면 사도세자의 죽음이 결코 억울한 죽음이 아니어야 하고, 그러려면 사도세자가 정신병에 걸려서 여러 가지 비행을 저지른 것으로 해야 하지 않았을까?

서인세력이 노론과 소론으로 갈라진 이유

인현왕후를 중심으로 한 서인세력이 노론과 소론으로 갈라진 시기는 숙종 때였다. 장희빈을 중심으로 한 남인세력을 몰아내고 다시 정권을 잡은 서인세력은 장희빈에 대한 처리문제를 놓고 두 파로 분열되었다. 장희빈을 처형해야 한다고 주장한 측이 노론이었고, 장희빈은 세자의 생모이므로 처형시켜서는 안 된다고 주장한 측이 소론이었다.

당시 소론이 장희빈의 처형에 반대했던 이유는 세자의 생모인 장희빈을 처형하면 세자가 왕이 되었을 때 정치보복이 일어날 것을 염려했기 때문이었다. 하지만 논란 끝에 장희빈은 처형되었고, 이후 노론과 소론은 세자의 처리문제를 놓고 격렬하게 대립하기 시작했다.

노론은 자신들이 죽인 장희빈의 아들 경종이 왕으로 즉위하면 연산군 때와 같은 보복이 재발할 것이라 하여 경종을 제거하고 후궁인 숙빈 최씨가 낳은 아들 영조를 왕위에 올리려고 했고, 소론은 세자인 경종을 철저히 보호하여 왕위에 올리려 하면서 두 세력이 치열한 싸움을 하였다.

마침내 숙종이 죽고 경종이 왕위에 오르게 되자 노론은 경종을 제거하려 했고, 정권을 잡은 소론은 노론의 중심인물들을 처형하면서 두 세력 간에 피비린내 나는 보복전이 벌어지게 되었다. 그런데 그 와중에 경종이 병에 걸려 자리에 눕게 되었는데 식사를 제대로 하지 못하는 경종에게 영조가 간장게장과 생감을 가져다주었고, 이것을 먹은 경종은 갑자기 병이 악화되어 얼마 가지 않아 죽게 되었다. 그리고 경종이 죽게 되자 노론의 절대적 지지 속에 영조는 왕위에 오르게 되었다.

그런데 원래 한방에서 간장게장은 신선도가 조금만 떨어져도 세균이 번식하기 쉽고, 생감에 들어 있는 탄닌 성분은 세균번식을 촉진시키기 때문에 상극인 음식으로 알려졌었는데 영조가 이 음식을 경종에게 갖다 주었던 것이다. 그래서 경종의 죽음은 영조를 왕위에 올리기 위해 노론이 꾸민 독살극이라는 주장이 널리 퍼지게 되었다.

노론과 사도세자의 정치적 대립

무수리 출신 후궁의 아들로 태어난 영조는 왕위에 오르는 과정에서 노론의 절대적인 보호와 지원을 받았기 때문에 노론에 대해서 결코 소홀히 할 수 없었다. 그래서 영조가 탕평책(당파를 구분하지 않고 인재를 등용하는 정책)을 실시했다고 하지만 실제는 노론이 중심이고 소론과 남인은 들러리를 서는 정도밖에 되지 않았다. 간단히 말하면 조정의 모든 핵심부서는 노론이 완전히 장악한 노론의 세상이었다.

어려서부터 영특했던 사도세자는 성장하면서 노론이 모든 정치권력을 독점하는 정치상황에 대해 반감을 갖게 되었고, 더욱이 왕이면서도 늘 노론의 눈치를 살펴야 하는 아버지 영조를 보며 노론의 영향력에서 벗어날 생각을 하게 되었다. 그래서 자연적으로 노론과 대립관계에 있는 소론과 가까이하게 된다.

그런데 그가 25세 되던 해에 영조는 사도세자에게 대리청정(임금의 역할을 대신하는 것)을 시키면서, 경종을 편들고 자신을 역적으로 몰았던 소론의 영수 유봉휘와 조태구를 처단해 달라고 요청했다. 그러나 소론에 대해 우호적인 입장을 취하던 사도세자는 영조의 이 요구를 정중하게 거절함으로써 영조와 사도세자 간에 정치적 의견차이가 분명하게 드러나기 시작했다.

그리고 장차 왕위에 오르게 될 사도세자의 주변에 소론의 인재들이 모여들면서 점차 아버지인 영조와 아들인 사도세자 간

에, 각각 노론과 소론을 대표하는 정치적 라이벌 관계가 형성되기 시작했다.

이런 관계가 형성되는 것에 대해 노론은 위기감을 느끼기 시작했다. 사도세자가 왕위에 오를 경우 노론의 몰락이 불을 보듯 뻔했기 때문이었다. 그래서 노론은 사도세자를 몰아내기 위해 영조를 설득하기 시작하는데, 특히 영조가 새로 맞이한 중전 정순왕후가 적극적으로 나서기 시작했다. 정순왕후는 형식상 사도세자의 어머니가 되었지만 자신보다 10살이나 나이가 많은 사도세자와 불편한 관계였고, 자신의 친정식구들이 노론과 긴밀한 관계를 맺고 있었기 때문에 사도세자를 몰아내는데 앞장을 서게 된 것이다.

그리고 노론의 전체 의견이 사도세자를 몰아내는 쪽으로 결정되자 그의 장인이자 노론의 대표였던 홍봉한도 영조를 설득하는데 나서게 되었다. 뿐만 아니라 평소 사도세자의 바람기에 불만을 품었던 그의 아내 역시 아버지 홍봉한을 적극적으로 돕기 시작하면서 사도세자는 그야말로 사면초가(四面楚歌)에 놓이게 되었고 그의 죽음은 이미 예정된 것이 되고 말았던 것이다.

임금이었던 영조도 노론의 눈치를 보지 않을 수 없었던 이유

TV 사극을 보게 되면 마치 임금은 모든 것을 자기 마음대로 하는 절대 권력자처럼 보인다. 하지만 그것은 드라마일 뿐이고 실제는 그렇지 않았다. 조선의 역사에서 태종과 세종을 제외하면 왕이 막강한 권력을 행사했던 경우가 드문 편이다. 오히려 효종과 경종처럼 신하들에게 죽음을 당한 왕들까지 있었다. 그리고 17세기 이후의 조선은 노론의 세상이었다고 할 만큼 이들의 세력이 막강했기 때문에 임금인 영조도 노론의 눈치를 볼 수밖에 없었다.

조선 역사를 보면 권력을 앞에 두고 아버지와 아들 간에도 극한 대립을 하는 경우가 종종 있었다. 태조 이성계는 아들인 태종을 여러 번 죽이려 시도했었고, 선조도 아들인 광해군을 정치적 라이벌로 여겨 견제했었다. 그리고 인조는 반청정책을 반대하는 아들 소현세자를 독살하기까지 했었다.

영조는 아들인 사도세자가 자신을 역적으로 몰았던 소론과 가까이 지내는 것에 엄청난 불만을 가졌고 또한 노론 전체가 사도세자를 제거하기로 결정한 상황에서 만약 사도세자를 끝까지 감싸게 되면 자신마저도 노론의 제거대상이 될지 모른다는 위기감을 갖지 않을 수 없었다. 그리고 그런 상황에서 사도세자가 역모를 꾸몄다는 고발이 들어오자 영조도 더 이상은 사도세자를 감싸 줄 수 없었던 것이다.

대원군이
김정호를 옥에 가두고
대동여지도를 불태웠다는 것이
사실일까?

김정호와 대동여지도

1861년에 김정호가 제작한 대동여지도는 근대적인 측량이 이루어지기 전까지의 지도 중 가장 정확한 지도였다. 1898년 일본 육군이 경부선 철도를 놓기 위한 예비 작업으로 일본인 측량 기술자 1,200명을 동원하여 전국을 측량하고 지도를 만들었는데, 나중에 대동여지도의 존재를 알게 된 일본육군이 그들이 제작한 지도와 대동여지도를 비교한 결과 거의 차이가 없는 것에 놀랐다는 일화는 대동여지도가 얼마나 정확했는지를 말해준다.

10년 전까지도 초등학교 국어 교과서에는 다음과 같은 내용이 실려 있었다.

소년은 이마의 땀을 닦으며 지도를 손에 펼쳐든 채, 산 아래를 굽어보았습니다. 한참 동안이나 지도와 실제의 지형을 살피던 소년은 고개를 가로저으며 중얼거렸습니다. "엉터리야! 도대체 맞지를 않아. 그래, 내가 한 번 그려 보자." 소년은 주먹을 불끈 쥐며 결심하였습니다. 이 소년이 바로 훗날 대동여지도를 그린 김정호입니다.

정확한 지도를 만들고 싶은 정호는 호롱불 밑에서 널빤지에 그린 그림을 들여다보고 있었습니다. "그게 먼데 여태 들여다보느냐?" "우리 동네를 그린 그림이에요" 어머니는 일손을 놓고 정호가 내민 널빤지를 들여다보았습니다. "여기가 우리 집이에요. 이건 장터로 가는 길, 이건 산으로 가는 길, 샘터, 서낭당……." 어머니는 빙그레 웃었습니다. 그러다가 어머니 눈이 금방 휘둥그레졌습니다. 이런 그림을 방안에 앉아서 그릴 수는 없기 때문입니다.

어느 날, 친구 이용희가 찾아왔습니다. "우리 집에 이게 있길래 주려고 찾아왔네" 이용희가 건네준 것은 정호가 사는 마을이 나와 있는 황해도 신천읍 지도였습니다. 정호는 그 지도를 들고 돌아다니며 일일이 비교해 보았습니다. 그러나 지도는 사실과 같지 않았습니다.

국어 교과서에 실린 이 내용은 김정호가 전국을 직접 돌아다니며 지도를 제작했다는 것을 말하고 있다. 하지만 김정호가 전국을 직접 돌아다니며 지도를 제작했다고 말하는 것은 지도제작에 대한 지식이 없어서 하는 말이다. 흔히들 지도는 제작자가 돌아다니면서 직접 보고 확인하여 그리는 것으로 생각하는데 실제

는 그렇지 않다. 예를 들어서 서울을 수십 번 돌아다니며 본다고
해서 서울의 전체 형태를 그릴 수 있을까? 그릴 수 없다. 왜냐하
면 사람의 시야는 한정되어 있기 때문에 걸어 다니면서 한 번 본
것들을 조합하여 서울의 전체 형태를 그린다는 것은 불가능하기
때문이다.

그리고 전국을 돌아다니며 지도를 제작하는 것은 엄청난 인원
과 경비가 필요하기 때문에 한 개인이 한다는 것은 결코 쉬운 일
이 아니다. 김정호가 대동여지도를 제작하는 데 27년이 걸렸는

데 만일 직접 돌아다니며 그랬다면 27년간 전국을 여행했다는 말이 된다. 엄청난 부자도 감당하기 쉽지 않은 비용이 들었을 텐데 가난했던 김정호가 그렇게 하는 것이 가능한 일일까?

결론적으로 말하면 김정호는 전국을 돌아다니며 직접 보고 확인하며 지도를 제작한 것이 아니다. 그는 이전에 제작되었던 지도들과 자료를 수집하여 그것을 바탕으로 지도를 제작한 것이다. 오늘날에 제작되는 지도들도 제작자가 직접 돌아다니며 확인하여 그리는 것이 아니다. 우리가 쉽게 구할 수 있는 도로지도나 세계지도도 모두 이런 방식으로 만들어진다.

지도를 제작하는 데 중요한 것은 이전의 지도와 자료들을 치밀하게 조합하여 정밀도를 높이고 이용가치를 높이는 것이 중요한 것이지 직접 돌아다니며 얼마나 확인했는지가 중요한 것이 아니다. 그런 이유에서 보면 정밀도가 높은 대동여지도를 제작한 김정호의 업적은 당연히 높이 평가받을 수밖에 없다.

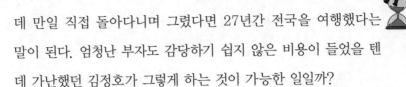

대원군이 김정호를 옥에 가두었을까?

지금까지도 많은 사람이 김정호가 지도를 만들어 나라에 바쳤다가 상을 받기는커녕 옥에 갇힌 것으로 알고 있다. 예전의 초등학교 5학년 국어 교과서에는 김정호의 이야기가 이렇게 적혀 있었다.

조선후기까지 조정에 제대로 된 지도가 한 장도 없어 김정호가 10년 동안 조선팔도를 돌아다니고 백두산을 여러 번 오르내리며 대동여지도를 만들었다. 그러나 당시 나라를 다스리던 완고한 사람들이 그 지도를 보고 나라의 사정을 남에게 알려주는 것이라 오해했기 때문에 김정호는 억울한 죄명으로 죽음을 당하게 되고 지도와 판목은 압수당하여 불살라졌다.

그런데 안타깝게도 우리 초등학교 국어 교과서의 내용은 일제시대 조선총독부에서 식민지 교육을 위해 만든 '조선어 독본'의 내용을 그대로 옮긴 것이다. 1934년에 만들어진 조선어 독본에서는 김정호에 대해 이렇게 적혀 있다.

10여년의 세월이 걸려서 완성한 지도를 인쇄하여 몇 벌은 친한 친구에게 나누어주고 한 벌은 자기가 간수하여 두었다. 그런지 얼마 아니 되어 병인양요가 일어나므로 자기가 간수하였던 것을 어느 대장에게 주었더니 그 대장은 뛸 듯이 기뻐하며 곧 이것을 대원군에게 바쳤었다. 그러나 대원군은 다 아는 바와 같이 외국을 싫어하는 마음이 큰 어른인지라 이것을 보고 크게 노하사 "함부로 이런 것을 만들어서 나라의 비밀이 다른 나라에 누설되면 큰일이 아니냐?" 하시고, 그 판목을 압수하시는 동시에 곧 정호 부녀를 잡아 옥에 가두었으니, 부녀는 그 후 얼마 아니 가서 옥중의 고생을 견디지 못하였는지 통한을 품은 채 사라지고 말았다.

아아, 비통한지고! 때를 만나지 못한 정호…… 그 신고와 공로의

큼에 반하여 생전의 보수가 그같이도 참혹할 것인가? 비록 그러하나 옥이 어찌 영영 진흙에 묻혀 버리고 말 것이랴. 명치 37년(1904년)에 일로 전쟁이 시작되자 대동여지도는 우리 군사에게 지대한 공헌이 되었을 뿐만 아니라, 그 후 총독부에서 토지 조사 사업에 착수할 때에도 둘도 없는 좋은 자료로 그 상세하고도 정확함은 보는 사람으로 하여금 경탄하게 하였다. 아, 정호의 고난은 비로소 이에 혁혁한 빛을 나타내었다고 하리라.

그런데 대원군이 김정호를 옥에 가두었다고 기록한 조선어 독본의 옥사설을 입증할만한 역사적 기록이나 근거는 어디에서도 찾아볼 수가 없다. 그리고 다음의 두 가지 사실들은 김정호의 옥사설이 사실이 아님을 입증하기에 충분하다고 보인다.

첫째, 김정호의 대동여지도가 몰수당한 뒤 모두 불태워졌다고 하는데 그렇지 않다. 김정호의 후원자였던 최성환의 후손들이 대동여지도의 판목을 많이 갖고 있었으나 화재로 없어졌다고 증언하고 있고, 1931년 경성제국대학(현재의 서울대학교)에서 전시한 고도서(古圖書) 목록에 판목 2장이 기록되어 있으며, 현재 숭실대학교에도 대동여지도 판목 한 장이 보관되어 있다.

둘째, 만약 김정호가 옥사했다면 그를 후원한 사람들이 아무런 처벌을 받지 않을 수가 없다. 김정호가 대동여지도를 제작한 것 때문에 옥에 갇혔다면 오랜 세월동안 그에게 자금후원을 했던 최성환과 지도제작에 대해 논의하며 세계지도를 제작한 최한기가 무사했을 리가 없다.

특히 비변사의 국가기밀 지도를 김정호에게 제공했던 신헌 장군은 더더욱 무사했을 리가 없다. 그런데 최성환, 최한기가 김정호의 대동여지도 제작에 연루되었다 하여 처벌을 받은 적이 없으며, 더욱이 신헌 장군은 대원군 통치시절에 병조판서(지금의 국방부 장관)에 임명되었으며, 자신의 문집에 김정호의 협력을 받아 대동여지도를 제작했다는 사실을 적고 있다.

김정호의 옥사설(獄死說)을 조작했던 일본의 의도는 무엇이었을까?

조선어 독본에 적혀 있는 김정호에 대한 내용을 압축하면 세 가지 사실로 요약된다.

첫째, 그 당시에 조선에는 제대로 된 지도 한 장이 없어서 김정호가 백두산을 10번이나 오르내리며 대동여지도를 제작했다.

둘째, 김정호가 힘들게 제작한 지도를 조선정부에 바쳤으나 지도의 중요성을 인식하지 못하고 있던 대원군은 김정호를 옥에 가두고 대동여지도의 판목을 모두 압수하고 불살랐다.

셋째, 지도의 중요성을 몰랐던 조선정부에 의해 무시되었던 김정호의 업적은 일본이 조선을 통치하기 시작한 뒤에야 비로소 인정을 받게 되었다.

일본은 이런 교육을 통해 조선인들에게 이런 인식을 심어 주려는 것이었다.

첫째, 조선은 제대로 된 지도 한 장이 없을 만큼 뒤떨어지고 미개한 나라였다.

둘째, 조선정부는 지도의 중요성에 대한 인식조차 없어서 김정호를 옥에 가둘 만큼 멍청하고 무능했다.

셋째, 조선정부는 지도의 중요성에 대한 인식조차 없을 만큼 멍청하고 무능했기 때문에 조선은 일본의 통치를 받는 것이 더 바람직하다.

그런데 이 글을 읽는 독자 중 어떤 분은 이런 의문을 가질 수 있다.

물론 일본이 그런 의도를 갖고 기록했을 가능성도 있겠지만…, 또 한편으로는 지나친 추측일 가능성도 있지 않을까요?

만약 이런 의문이 든다면 1922년 조선총독이었던 '사이토 마코토'가 조선역사 왜곡 작업인 '조선사' 편찬을 독려하며 지시했던 아래의 '조선 교육시책 요령'을 읽어보라.

조선 사람들이 자신의 역사, 그리고 전통을 알지 못하게 하라. 그럼으로써 민족 문화를 상실하게 하고, 조상의 무능과 악행을 들추어 내 그것을 과장하여 조선인 후손들에게 가르쳐라. 그렇게 해서 조선인 청소년에게 그들의 조상을 무시하고 경멸하는 감정을 일으키게 하면 그들이 조선의 모든 인물과 서적에 대해 부정적인 생각을 갖게 될 것이고, 실망과 허무함에 빠지게 될 것이다. 그때 일본의 문화와 위대한 인물을 소개하면 동화(同化)의 효과가 클 것이다. 이것이 조선인을 반(半)일본인으로 만드는 요령이다.

일본은 김정호의 옥사설을 통해 조선은 제대로 된 지도 한 장 없는 미개한 나라였고 지도의 중요성조차 모르는 멍청하고 무능한 조선정부를 대신해 일본이 조선을 통치하는 것이 정당하다는 의식을 심어주려고 했던 것이다. 그런데 해방이 되고 나서 50년이 넘도록 우리 교과서에서는 일본이 써 놓았던 기록을 앵무새처럼 그대로 되풀이해서 가르쳤던 것이다.

교과서에서 김정호의 옥사설을 바로 잡는데 무려 50년이 넘게 걸린 이유는 무엇인가?

해방이 되고 나서 50년이 넘도록 앵무새처럼 되풀이되던 김정호의 옥사설이 마침내 초등학교 교과서에서 이렇게 개정되었다.

소년 김정호는 친구 최한기를 반갑게 맞이하였다. 최한기는 방으로 들어서며 들고 온 책 보퉁이를 내려놓았다. 두 사람은 책상을 사이에 두고 정답게 마주 앉았다. 김정호와 최한기는 어릴 적부터 뜻이 잘 맞아 친하게 지내는 사이였다. "이게 그 책들인가?" 김정호는 얼른 책보자기를 풀었다. 집안이 가난한 그는 양반 자제로 부유하게 사는 최한기에게서 언제나 책을 빌려 읽곤 하였다. "음, 이것이면 우

리 고장의 지리지를 쓸 수 있을 것 같네."

　김정호는 늘 자기 고장의 지도와 지리지를 만들고 싶어하였다. "지도를 만들려면 그곳을 여러 번 가보는 것이 순서가 아닐까?" 최한기의 말에 김정호는 고개를 저었다. "얼핏 그렇게 생각하기 쉽지. 그러나 그렇지 않아. 그냥 돌아만 다닌다고 해서 지도를 그릴 수 있는 것은 아니야. 높은 산에 열 번을 올라가 지형을 살피고 그린들 온전한 지도를 만들 수 있겠어? 지도를 만들려면 우선 많은 지식이 필요해." 지도를 만들기 위해서는 기초 지식부터 다져야 한다는 것이 김정호의 생각이었다. 최한기는 친구의 말에 고개를 끄덕이며 감탄하였다.

김정호는 마침내 대동여지도를 완성하였다. 이 지도는 궁궐뿐만 아니라 관청에서도 사용하였다. 그러나 이 지도 역시 종이에 그려서 만든 것이라 일일이 붓으로 다시 그려야만 했는데, 이렇게 지도를 붓으로 일일이 그리는 것은 힘들 뿐만 아니라 지도의 정확성이 떨어졌다. 그래서 그는 정확한 지도를 대량 생산하기 위하여 목판에 지도를 새기기로 결심했다.

지도 제작에 대한 기초상식, 그리고 신헌 장군이 그의 문집에 김정호의 지도제작에 대한 사실을 기록한 것만 보아도 허구임이 뻔한 김정호의 옥사설이 제대로 고쳐지는데 50년이 넘게 걸린 이유는 무엇일까?

그것은 해방이 되고 나서도 친일파에 대한 처벌은커녕, 사회 모든 분야에서 친일파가 여전히 권력을 잡게 되었기 때문이며, 이것은 역사학계에서도 예외가 아니었다. 일제시대 식민지 지배를 합리화시키기 위해 조선역사 왜곡작업에 참여했던 친일 역사학자들이 해방 이후에도 대한민국의 역사학계를 꽉 잡고 있었기 때문이다. 즉, 친일 역사학자들이 해방 이후에도 서울대를 비롯한 주요 대학의 교수로 굳건히 자리를 지켰음은 물론이고 대한민국 역사를 주도하는 '국사편찬위원회'의 중심인물이 되었고, 대한민국 교육을 주도하는 '교육부'의 장관까지 오르며 맹활약(?)을 했기 때문이다.

흥선대원군의 쇄국정책
Vs
명성황후의 개국정책

☆ 흥선대원군은 어떤 인물이었는가?

흥선대원군은 철종이 죽고 나서 12살의 나이로 왕이 된 고종의 아버지로 어린 고종을 대신하여 조선을 다스렸다. 조선은 개혁군주 정조가 죽고 난 이후로 순조, 헌종, 철종이 왕으로서 최고 통치자로 군림한 것처럼 보이지만 실제로 모든 권력은 안동김씨, 풍양조씨 두 집안에 의해 독점되었고 왕은 허수아비에 불과했었다.

그래서 이 시기의 정치를 세도정치라 했는데 안동김씨와 풍양조씨의 두 세도가문은 자신들의 권력 독점에 대한 도전을 원천봉쇄하기 위해 왕족 중 똑똑한 사람에 대해서는 어떤 구실을 붙여서라도 반드시 제거하려고 했었다.

대원군은 이들의 주목을 받지 않기 위해 의도적으로 기생, 광대, 천민들과 어울리며 망가진 모습으로 생활하며 세월을 보냈다. 그리고 철종의 아들이 없었으므로 철종이 죽었을 때를 염두에 두고 조대비와 가까이 지냈었다. 그러던 중 철종이 죽자 조대비의 도움을 받아 마침내 자신의 둘째 아들을 왕위에 오르게 했고, 어린 아들을 대신하여 조선을 통치하게 되었다.

지금까지 TV 사극을 통해 묘사된 대원군은 국제정세에 어두워서 오로지 쇄국정책만 고집했던 답답하고 꽉 막힌 권력자의 이

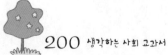

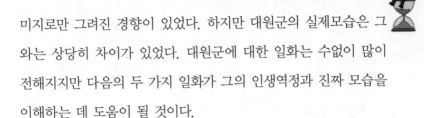

미지로만 그려진 경향이 있었다. 하지만 대원군의 실제모습은 그와는 상당히 차이가 있었다. 대원군에 대한 일화는 수없이 많이 전해지지만 다음의 두 가지 일화가 그의 인생역정과 진짜 모습을 이해하는 데 도움이 될 것이다.

첫 번째 일화 : 상갓집 개

왕족이었던 대원군은 안동김씨와 풍양조씨의 견제를 피하기 위해 자신의 모습을 철저히 감추며 스스로 망가진 생활을 했었다. 즉 하층민들과 어울리고 이들과 패거리로 상갓집에 몰려다니며 술을 얻어먹고, 싸움을 하면서 거의 미친 사람 행세를 하였다. 그러던 중 철종의 병이 심해 오래 살지 못할 것을 직감한 그는 풍양조씨이며 대비였던 조대비를 설득하여 마침내 자기 아들이었던 고종을 왕위에 앉게 하는 데 성공한다.

당시 안동김씨와 풍양조씨의 두 세도가문은 철종 때와 마찬가지로 이번에도 허수아비 왕 노릇을 할 왕족을 물색했는데 그들이 판단하기에 대원군의 아들은 나이가 어려서 허수아비를 만드는 데 문제가 없고, 그 아버지인 대원군은 거의 폐인에 가까운 미치광이여서 그들이 안심할 수 있는 적임자였던 것이다. 그래서 그들은 대원군의 아들인 고종을 안심하고 왕위에 올렸는데, 권력을 잡은 대원군이 본 모습을 드러내며 개혁을 시작하자 풍양조씨이며 대비였던 조대비는 대원군에게 철저히 속았다며 분통을 터뜨렸다고 한다.

두 번째 일화 : 대원군의 뺨을 때린 이장렴

대원군의 젊은 시절, 몰락한 왕족으로 거의 매일 기생집을 드나들던 시절의 일이다. 대원군이 술을 마시고 있는데, 마침 옆자리에 앉아서 술을 마시고 있던 금군별장 이장렴과 시비가 붙게 되었다. 이때 이장렴은 대원군의 뺨을 후려치면서 "왕실의 종친이 기생집에서 외상술이나 먹어서 되겠느냐?"하며 호통을 쳤다.

대원군이 고종을 대신해서 조선을 통치하게 된 이후 그가 이장렴을 불러들여서 이렇게 물었다. "아직도 내 뺨을 때릴 수 있겠느냐?" 그러자 이장렴은 당당하게 "대원군께서 지금도 기생집에 드나들 때처럼 행동하신다면 저는 당연히 그럴 수밖에 없습니다"라고 대답하였다. 그러자 대원군은 껄껄 웃으며 이장렴을 높은 관직에 임명했다고 한다.

흥선대원군의 개혁정책

대원군이 어린 고종을 대신하여 집권했을 당시 조선의 상황은 안동김씨의 세도정치가 남긴 후유증이 극심한 상태였다. 관직을 사고파는 매관매직(賣官賣職)이 성행하면서 자연적으로 관리들의 부정부패가 심했고, 왕권이 몰락하여 국가의 통치체제가

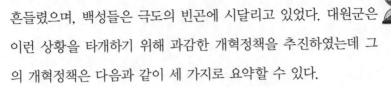

흔들렸으며, 백성들은 극도의 빈곤에 시달리고 있었다. 대원군은 이런 상황을 타개하기 위해 과감한 개혁정책을 추진하였는데 그의 개혁정책은 다음과 같이 세 가지로 요약할 수 있다.

첫째, 대원군은 집권과 동시에 안동김씨를 몰아내고 신분에 관계없이 능력중심으로 인재를 등용하는 파격적인 인사개혁을 단행했다. 그의 이런 개혁으로 인해 관직을 사고파는 매관매직이 사라지면서 자연적으로 관리들의 부정부패가 이전보다 상당히 줄어들었다.

둘째, 대원군은 세도정치 기간에 땅에 떨어진 왕권을 다시 세우고 통치체제를 확고히 하기 위해 임진왜란 때 불탄 뒤 방치되어 있었던 경복궁 건립공사에 착수하였다. 경복궁 건립공사 초기에는 관리와 백성들에게 원납전이라는 기부금을 받고 백성들의 부역도 무리하게 시키지 않는 방향으로 진행했으나 건립공사 후기에는 부족한 비용을 무리하게 충당하느라 백성들에게 과중한 부담을 주게 되면서 백성들의 원성을 사기도 했다.

셋째, 대원군은 수백 개에 이르던 서원을 47개만 남기고 모두 철폐하였다. 본래 서원은 조상에 대한 제사를 올리고 후진 양성을 위해 세워진 지방 교육기관이었다. 하지만 서원이 본래의 취지에서 벗어나 지역 농민들에게 막대한 제사 비용을 강제로 부담시키는 것은 물론이고 지역 관청에 청탁을 하고 부당한 영향력을 행사하는 횡포가 극심했었다. 그래서 조선의 역대 왕들이 서원의 횡포를 막을 수 있는 대책을 고심했지만 막강한 유림세력의 반발을 우려해서 포기하곤 했었다. 당시 서원 철폐는 자칫하면 유림세력과의 대립으로 정권이 위태로워질 수 있을 만큼 정치적으로 민감한 문제였던 것이다. 그리고 실제로 나중에 대원군은 유림세력의 반발로 정권을 잃게 되었다.

명성황후는 어떤 인물이었는가?

8살 때 부모님이 모두 돌아가신 탓에 식구가 없었다. 외척의 세도정치를 근본적으로 차단하려 했던 대원군은 일가친척이 별로 없는 몰락한 집안의 딸을 왕비로 삼으려 했었고, 때마침 대원군의 부인이었던 민씨가 왕비로 추천하여 준 덕에 왕비(고종의 부인)가 될 수 있었다. 그리고 왕비가 된 명성황후는 평생 시아버지인 대원군과 적대적인 관계가 되는데, 그녀가 대원군과 적대적인 관계가 된 계기는, 대원군이 고종의 총애를 받던 궁인 이씨의 아들 완화군을 세자로 책봉하려 한 것으로부터 시작되었다.

대원군과 적대적인 관계가 된 그녀는 대원군의 개혁정책에 반발하는 세력들을 모으기 시작하였고, 대원군의 개혁으로 권력에서 밀려난 세도 가문 풍양조씨, 그리고 대원군의 서원철폐에 격렬히 반대했던 유림세력이 명성황후를 중심으로 단결하여 대원군을 몰아내게 된다.

대원군을 몰아낸 명성황후는 민씨 문중을 앞세워 정권을 장악하고 조선의 대외정책을 쇄국정책에서 개국정책으로 바꾸었다. 그녀는 1986년 일본과 강화도조약을 맺는 것을 시작으로 미국, 러시아 등과도 활발한 접촉을 시도했으나 임오군란과 동학혁명을 겪으면서 청에게 전적으로 의지하기 시작했었다. 하지만 믿었던 청이 일본과의 전쟁에 패하면서 조선에서 일본의 주도권이 커지려는 것을, 러시아가 3국 간섭을 통해 제동을 걸자, 이번에는 러시아의 힘을 과신하여 친러시아 정책을 분명히 했다.

더 읽어 보기

3국 간섭

청일전쟁에서 승리한 일본은 청과 시모노세키 조약을 통해 청의 요동반도를 차지하게 되었다. 그런데 러시아, 프랑스, 독일 3개국이 개입하여 일본에게 요동반도를 되돌려 주도록 압력을 넣었고, 일본은 어쩔 수 없이 청에게 요동반도를 되돌려 주게 된 사건이다.

그러자 일본은 명성황후를 제거하기 위해 대원군 세력, 그리고 해산하기로 예정되었던 훈련대와 일본의 정치깡패들을 동원하여 황궁을 습격하고 명성황후를 시해하는 을미사변을 일으켰다.

더 읽어 보기

'씨 없는 수박'으로 유명한 우장춘 박사와 그의 아버지 우범선

씨 없는 수박으로 너무나도 유명한 우장춘 박사. 1898년 한국인 아버지와 일본인 어머니 사이에서 도쿄에서 태어난 그는 동경대학을 졸업하고 일본에서도 최고로 인정받는 세계적인 육종학자가 되었다. 그런데 그는 안정된 생활이 보장된 일본을 등지고 6·25 전쟁이 한창 벌어지고 있던 1950년에 아버지의 나라인 한국에 건너와 농업 발전에 큰 기여를 함으로써 당시 농업이 주요 산업이던 한국에서 국민적 영웅으로 추앙을 받았다. 그런데 그의 아버지는 을미사변 당시 훈련대 대대장으로 명성황후를 시해하는데 주도적인 역할을 했던 우범선이었다. 명성황후 시해사건 이후 일본으로 망명했던 우범선은 조선의 자객에 의해 암살을 당했고 그로 인해 우장춘은 어린 시절 고아원에 보내지는 고생을 하기도 했었다고 한다.

☆ 흥선대원군의 쇄국정책을 어떻게 평가할 것인가?

흥선대원군이 집권했던 당시의 국내 상황은 한 마디로 총체적 난국의 시기였다. 개혁군주로 불렸던 정조가 의문의 죽음을 당한 뒤 어린 순조가 집권한 탓에, 정권을 잡은 외척들이 60년간 세도정치를 하면서 관직을 돈을 주고 사고파는 매관매직이 성행하여 관리들의 부정부패가 극심했고, 경제가 파탄 직전에 이르러 백성들은 극도의 빈곤에 시달리고 있었다.

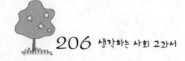

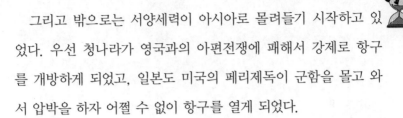

그리고 밖으로는 서양세력이 아시아로 몰려들기 시작하고 있었다. 우선 청나라가 영국과의 아편전쟁에 패해서 강제로 항구를 개방하게 되었고, 일본도 미국의 페리제독이 군함을 몰고 와서 압박을 하자 어쩔 수 없이 항구를 열게 되었다.

그런데 조선의 종주국이고 아시아의 강대국으로 통했던 청나라마저 서양에 강제로 항구를 개방하고 난 뒤 서양인들의 등쌀에 괴롭힘을 당하는 것을 본 대원군은 서양에 대해 두려움과 경계심을 갖게 되었다. 더구나 통치체제가 약화되었고 경제가 파탄직전인 힘없는 조선에 서양세력이 들어올 경우 조선의 붕괴까지도 염려하지 않을 수 없었던 것이다.

그래서 그는 조선의 문을 걸어 잠그고 강력한 쇄국정책을 시행하게 되었는데 1866년 병인양요와 1871년의 신미양요를 겪으면서 서양세력을 물리칠 수 있다는 자신감을 갖게 되었고 그의 쇄국정책에 대한 의지를 백성들에게 강력히 알리기 위해 척화비를 세우기도 했었다.

더 읽어 보기

병인양요

1866년 프랑스가 대원군의 천주교 탄압을 구실로 조선의 항구를 강제로 개방시키고자 강화도를 침범한 사건이다. 1866년 대원군이 쇄국정책의 하나로 천주교 금지령을 내리고, 9명의 프랑스 신부와 수천 명의 조선인 천주교 신자를 처형했는데 이때 탄압을 피하여 탈출했던 프랑스 신부 리델이 프랑스의 극동 함대 사령관 로즈에게 천주교 탄압사실을 알리고 보복을 요구했다. 이 사건은 프랑스에게 조선을 강제로 개방시킬 좋은 구실이 되었기 때문에 프랑스 군대가 출동했던 것이다.

신미양요

1866년 대동강을 거슬러 올라온 미국상선 제너럴셔먼호가 강압적으로 통상을 요구하다가 평양 시민과 충돌하여 불에 탄 사건이 있었다. 미국은 이 사건을 구실로 조선을 강제로 개항시키기 위해 1871년 강화도로 군대를 보냈는데 이것이 신미양요다.

그런데 병인양요와 신미양요에 대해 우리 교과서에서는 "조선군이 강화도에서 프랑스군을 격퇴시켰고, 조선군의 저항으로 미군이 철수했다"라고만 기록되어 있기 때문에 정확한 실체 파악을 하지 못하는 경향이 있다. 병인양요에서 전사한 프랑스군은 '6명'이었고, 신미양요에서 전사한 미군은 '3명'이었다는 점을 고려하면 이렇게 작은 전투를 통해 서양세력을 막아낼 수 있다는 자신감을 가졌던 대원군의 판단은 분명한 오판이었던 것이다.

☆ 명성황후의 개국정책을 어떻게 평가할 것인가?

　대원군을 몰아내고 명성황후가 정권을 잡으면서 조선의 국내

사정은 급격히 악화되기 시작했다. 대원군을 몰아내기 위해 명

성황후가 안동김씨, 풍양조씨와 손을 잡았기 때문에 명성황후가

정권을 잡으면서 세도정치가 다시 부활한 것이다. 그리고 세도정

치가 부활하자 관직을 돈을 주고 사고파는 매관매직이 성행하면

서 관리들의 부정부패와 착취가 극심하여 농민반란이 일어났고,

이를 진압할 힘이 없었던 명성황후는 정권유지를 위해 청나라 군

대에 의존하지 않을 수 없었다.

　그리고 명성황후 집권 이후 국가재정이 파탄 나게 되었는데 이

역사가 숨쉬는 사회 **209**

것은 명성황후의 사치 때문이었다. 명성황후는 자신이 낳은 아들의 무병장수를 기원하기 위해 금강산 일만이천봉의 봉우리마다 쌀 한 섬, 무명 베 한 필, 돈 천 냥씩을 바쳤다. 그리고 점치는 것을 좋아해 유명한 점쟁이였던 이유인에게 점 한 번 치고 돈 1만 냥과 비단 100필을 줄 정도였다. 명성황후의 이런 사치로 인해 국가재정이 고갈되어 관리들과 군인들의 월급이 지급되지 못했었다. 당시 관리들은 백성들을 착취해서라도 돈을 벌 수 있었기 때문에 큰 문제가 없었겠지만 그럴 수 없던 군인들은 생활이 말이 아니었고 이로 인해 임오군란이 발생하기도 했었다.

간단히 말해 명성황후는 세도정치의 부활로 관리들의 부정부패와 착취를 더 심하게 함으로써 민중반란을 겪게 되었고, 자신의 사치와 향락으로 국가재정을 고갈시킨 탓에 민중반란을 진압할 군대마저도 키울 수가 없었다. 그래서 정권유지를 위해 처음에는 청나라에 의존했고, 청일전쟁에서 청이 패한 뒤로는 러시아에 의존했던 것이다.

이런 점들을 고려한다면 명성황후는 국가의 장래를 위해서가 아니라 오로지 자신의 정권유지를 위해 다른 나라들과 관계를 맺었던 것이기 때문에 개국정책이라기보다는 개인적 처신이라고 평가하는 것이 타당할 것이다.

결론적으로 명성황후가 대원군과 대립했던 이유는 쇄국정책과 개국정책 중 어느 것을 선택할 것인지에 대한 의견 차이 때문

이 아니라 세자 책봉 문제 때문이었던 것이다. 그리고 명성황후
가 청나라, 러시아와 관계를 맺은 목적도 오로지 자신의 정권유
지를 위한 것이었다는 점을 고려하면 결코 개국정책이 아니었던
것이다.

일본의 식민지배가
조선을 발전시켰다는
식민지 근대화론

식민지 근대화론에 대해

식민지 근대화론은 일본의 조선침략과 식민지 지배를 정당화하기 위해 일본의 극우 역사학자들이 8·15해방 이후부터 지금까지 일관되게 주장한 것이며, 한국에서도 최근에 뉴라이트 계열의 일부 역사학자들이 이에 동조하는 주장을 펴고 있다.

일본 역사학자들의 주장을 요약하면, 무능한 고종황제와 명성황후를 비롯한 세도가들의 부정부패로 경제파탄 직전에 있던 조선을 일본이 합병하여 근대화의 길을 열어줬다는 것이다. 간단히 말하면 1910년에 일본이 조선을 합병했던 것은 조선을 근대화시키기 위한 것이었고 덕분에 조선이 근대화를 이루어냈다는 것이다.

뉴라이트 계열 역사학자들의 주장은 일본이 조선을 근대화시키기 위해 합병을 하지는 않았다 해도 결과적으로 조선은 일본의 식민통치를 받음으로써 근대화를 이루어낼 수 있었다는 것이다. 일본 역사학자들과 뉴라이트 계열 역사학자들 주장의 공통점은 조선은 일본의 식민지 통치를 받은 것으로 인해 근대화에 성공했고 그런 점에서 볼 때 일본의 식민통치는 조선에 긍정적인 영향을 미쳤다는 것이다.

　　뉴라이트 계열 역사학자들의 이런 주장은 그들이 펴낸 대안 교과서, 《한국 근현대사》의 78쪽에 이렇게 표현되어 있다.

　　일제의 한국 지배는 억압과 투쟁의 역사만은 아니었다. 근대 문명을 학습하고 실천함으로써 근대 국민국가를 배울 수 있는 사회적 능력이 두텁게 축적되는 시기이기도 하였다.

　　이 표현을 풀어서 쉽게 말하면 다음과 같은 결론이 된다.

　　일본은 한국을 억압하려고만 한 것은 아니었다. 일본은 조선이 근대 문명을 학습하고 실천하여 근대화를 이루어낼 수 있도록 도움을 주기도 하였다. 그러므로 일본의 식민통치는 조선의 근대화에 크게 기여를 한 것이다.

뉴라이트에서 펴낸 대안 교과서, 《한국 근현대사》에서는 백범 김구를 다음과 같이 소개하고 있다.

1896년 민왕후의 원수를 갚고자 일본상인을 군인으로 오인하여 살해했다. 체포되어 복역 중 탈옥했고 이후 한일 애국단을 조직하여 항일 테러활동을 시작했다.

물론 백범 김구를 테러리스트로 바라보는 시각이 있을 수 있다. 왜냐하면 백범 김구는 윤봉길과 이봉창의 거사를 지시하고 지원한 인물이기 때문이다. 하지만 백범 김구를 테러리스트로

바라보는 역사인식은 누구의 시각인가라는 점에서 진지하게 생각해 볼 필요가 있다. 결론적으로 말한다면 백범 김구를 테러리스트로 바라보는 역사인식이 일본인의 시각으로는 타당할 수 있겠지만 한국인의 시각으로는 전혀 타당성이 없다.

과거에 이스라엘 정부는 팔레스타인 해방기구(PLO)의 지도자였던 아라파트를 테러리스트라고 주장했었다. 하지만 팔레스타인 사람들은 그 누구도 아라파트를 테러리스트라고 말하지 않았다. 팔레스타인에 대한 이스라엘의 억압통치에 저항하는 아라파트는 그들에게 독립을 위한 투사이고 영웅일 뿐이다.

식민지 근대화론을 주장하는 뉴라이트 계열의 일부 역사학자들은 이런 반론을 펴기도 한다.

백범 김구가 했던 활동들은 주로 폭력적이었고 특히 그가 윤봉길을 배후 조종하여 벌인 사건은 많은 소중한 생명을 뺏지 않았는가? 그런 점에서 본다면 그가 테러리스트였다는 것은 의심의 여지가 없다.

그런데 단지 많은 생명이 죽었다는 이유만으로 백범 김구를 테러리스트로 규정한다면 조선의 최대 테러리스트는 백범 김구가 아니라 바로 이순신 장군이다. 이순신 장군으로 인해 죽은 일본의 해군이 몇 명인지 생각해보라! 더구나 전쟁을 끝내고 고향으로 돌아가려는 일본해군의 길을 막아서며 그가 벌인 해전으로 수많은 일본 해군들이 죽었음을 생각하면 이순신 장군이야말로 조선 최대 테러리스트가 아닐까? 지금까지 세계 어떤 나라도 식민지 통치에 저항하는 무장투쟁의 과정에서 암살과 같은 수단을 동원했다고 해서 테러리스트라고 평가하는 경우는 없다.

식민지 근대화론을 주장하는 역사학자들은 백범 김구가 벌였던 투쟁활동의 근본취지보다는 그의 투쟁활동이 폭력적이었다는 것에만 초점을 맞추려고 한다. 이들이 백범 김구가 벌였던 투쟁활동의 근본취지에 대해 외면하는 것은 무슨 이유일까? 일본의 식민통치를 긍정적으로 바라보는 이들의 시각에서는 백범 김구가 추구했던 조선독립이라는 목표 자체가 처음부터 정당한 것이 아니기 때문이다. 그리고 정당하지 못한 목표를 위해 폭력까지 사용했던 백범 김구가 이들의 시각으로 볼 때는 단순한 테러리스트에 불과하기 때문이다.

현재 지구상에서 식민지 통치를 당했던 나라 중 자기 나라 화폐에 독립투사의 얼굴이 단 한 명도 들어가지 않은 나라는 한국뿐이다. 화폐는 그 나라 경제활동의 거래수단인 동시에 그 나라의 역사적 정체성을 상징한다는 점에서 볼 때, 백범 김구에 대해 테러리스트라는 표현이 교과서에 버젓이 실리는 현상과 우리나라 화폐에 독립투사의 얼굴이 단 한 명도 들어가지 못한 것은 상당히 밀접한 관련이 있다고 보인다.

일제시대 일본은 조선의 청소년들에게 식민통치를 합리화시키는 역사교육을 위해, 조선총독부가 일본의 역사학자들을 동원하여 조선역사를 왜곡시키는 작업에 착수했고, 그 작업에 조선의 역사학자들 일부가 적극적인 협조를 했었다. 그리고 그들의 공동작업을 통해 정립된 역사이론 중 하나가 바로 '타율성' 이론이다.

타율성 이론을 요약하면 조선은 고대시대부터 중국과 몽골 등 외세의 침략과 지배를 받으며 살아온 나라여서 민족성이 소극적이고 무기력하며 열등감이 심해서 누군가의 간섭과 보호가 없이는 성장할 수 없는 나라라는 것이다. 그러므로 우수한 민족 일본이 열등한 민족 조선을 지배하는 것은 당연하며 조선은 일본의 간섭과 보호를 받아야만 성장하고 발전할 수 있다는 것이다.

그리고 식민지 지배를 합리화시키기 위해 일본이 만들어낸 또 하나의 이론은 '정체성' 이론이었다. 정체성 이론을 요약하면 조선은 오랫동안 사회발전이 정지된 상태여서 일본과 비교하면 무려 7백년 정도가 뒤처져 있으며 미개한 조선사회를 발전시키려면 일본의 식민지 지배가 반드시 필요했다는 것이다.

또한 일본은 조선사회가 이렇게 미개한 상태로 정체된 이유에 대해 특히 두 가지를 강조했는데, 첫째는 조선의 고질적인 당파싸움으로 인해 사회발전이 이루어질 수 없었다는 것이었고, 둘째는 사농공상(士農工商)이라는 조선의 전통적인 직업관이 상업 발달에 큰 지장을 초래했기 때문이라는 것이었다.

그리고 일본은 조선의 독립운동 세력을 분열시키고 회유하는 데 있어서 첫 번째 주장, 즉 조선은 고질적인 당파싸움 때문에 발전이 없었다는 논리를 바탕으로 독립운동 세력에게 이런 식의 설득논리를 폈었다.

조선인은 선천적으로 서로 단결하지 못하는 성향을 갖고 있다. 그래서 집단을 이루게 되면 서로 협조하고 단결하기보다는 서로 싸우고 분열될 수밖에 없다. 그런데 이렇게 단결하지 못하는 사람들의 힘을 모아 독립운동을 하겠다는 것은 무모한 일이 아니겠는가?

일본의 이런 설득은 3·1운동 이후 조선의 민족대표들을 분열시키고 회유하는 데 상당한 위력을 발휘했었고, 당시 조선의 민중들에게 독립운동의 성공 가능성에 대한 회의감을 갖게 하는데도 상당한 영향을 주었던 것이 사실이다.

그리고 타율성 이론을 뒷받침하기 위해 일본의 역사학자들이 조작해낸 역사이론이 바로 '임나일본부설'이다.

임나일본부설은 일본이 한반도의 남부지방에 '임나일본부'라는 통치기관을 설치하여 4세기 중엽부터 6세기 중엽까지 한반도의 남부지방을 200년간 식민통치했다는 것이다. 그런데 이 이론은 1960년대에 북한의 역사학자 김석형이 '삼한 삼국의 일본열도분국설'을 제기한 이후 일본의 역사학계에서도 이미 타당성이 없는 이론인 것으로 판명되었다. 그 이유는 일본이 한반도의 남부지방을 식민통치하려면 4세기 이전 일본에 이미 국가가 형성되어 있어야만 가능한데, 임나일본부설의 근거가 되는 일본의 역사서 '일본서기'에 일본이라는 국호가 등장하는 시기가 7세기이기 때문이다.

식민지 근대화론의 주장들과 이에 대한 반박논리

식민지 근대화론을 주장하는 역사학자들은 일본의 식민지 통치가 조선의 근대화에 큰 도움을 주었다는 결론에 대해 대체로 세 가지의 근거를 제시한다.

첫째, 일본이 조선의 농업기술을 발달시킨 덕분에 조선의 농업 생산량이 증가했다는 것이다.

한일합방 이후 발달된 일본의 농업기술이 들어오면서 조선의 농업 생산량이 증가한 것은 사실이다. 하지만 문제는 조선의 농업 생산량이 증가했음에도 불구하고 조선인들은 이전보다 더 굶주리게 되었다는 사실이다. 1910년 조선의 1인당 쌀 소비량이 0.57석이었는데 1945년에는 0.53석으로 오히려 더 낮아졌다. 그러나 1910년 일본의 1인당 쌀 소비량은 0.95석이었고 1945년에는 1.13석이었다. 결국 조선은 이전보다 더 많은 쌀을 생산하면서도 이것을 일본에 빼앗겼기 때문에 오히려 전보다 더 굶주리게 되었던 것이다. 결론적으로 말하면 비록 이전보다 더 굶주리게 되었지만 그래도 농업생산량은 늘었으니 그것만으로도 일본의 혜택을 받은 것이라고 말할 수 있겠는가?

둘째, 일본이 조선에 철도와 도로 등의 기간시설을 건설해 준 덕택에 조선이 근대화를 이룰 수 있었다는 것이다.

일본은 조선에서 착취한 농산물을 일본으로 운반하기 위해, 그리고 만주침략 전쟁 시 군인들을 수송하기 위해 조선의 백성들을 강제로 동원하여 도로와 철도를 건설했다. 그런데 이것도 일본이 조선의 근대화에 도움을 준 것이라고 할 수 있겠는가? 이

런 논리로 하면 히틀러의 유태인 학살이 벌어지면서 이스라엘 건국운동이 활발해졌는데, 그럼 히틀러가 이스라엘 건국의 공로자란 말인가?

셋째, 일본이 조선에서 근대적 교육을 실시한 덕택에 조선의 전체적인 교육수준이 향상되었다는 것이다.

일본이 조선에서 실시했던 교육은 식민통치에 순응하고 따르도록 하는 것이었으며, 또 일본이 지시하는 것을 수행하는 데 필요한 정도의 낮은 단계의 교육만을 시키는 것이었다. 그래서 인구 2천만이 사는 조선에 대학은 경성제국대학교 단 한 개에 불과했다. 그것도 학생 대부분은 조선에 살던 일본인들의 자녀였다. 인구 2천만인 조선에 대학이 오로지 한 개밖에 없었던 이유는 조선인의 고등교육을 억제하기 위해 일본이 대학 설립을 허락하지 않았기 때문이다. 결론적으로 조선의 고등교육을 억제하기 위해 대학설립을 금지했던 일본에 대해 조선의 전체적인 교육수준을 향상시킨 공로자라 평가할 수 있겠는가?

면접과 자기소개서를 동시에!
상위 1%가 선택한 특목고/자사고 입시 대비 필독서

생각하는 사회 교과서

1판 1쇄 펴낸날 2010년 01월 25일
1판 2쇄 펴낸날 2014년 02월 25일

지은이 구본창

펴낸이 서채윤
펴낸곳 채륜
책꾸밈이 Design窓
일러스트 임승현

등록 2007년 6월 25일(제25100-2007-000025호)
주소 서울 광진구 능동로23길 26
대표전화 02-465-4650 ㅣ **팩스** 02-6080-0707
E-mail book@chaeryun.com
Homepage www.chaeryun.com